今野 浩
Hiroshi Konno

工学部ヒラノ名誉教授の告白

エンジニアが「物書き」になったワケ

工学部ヒラノ名誉教授の告白　目次

工学部ヒラノ名誉教授の告白

エンジニアが「物書き」になったワケ

1　定年退職

名誉教授の条件

二〇〇一年に東京工業大学を停年退官した〝工学部ヒラノ教授〟は、その一〇年後の二〇一一年に中央大学を定年退職した。

〝停年退官〟と〝定年退職〟の間に実質的な違いはない。公務員の場合は、一定の年齢に達したところで解雇する制度に〝停年〟（職務停止年齢）という言葉を、また国立大学教授が〝教官〟と呼ばれていたことに対応して、〝退官〟という言葉が使われていたのである（なお、二〇〇四年四月に実施された独立法人化を機に、国立大学法人も私立大学並みに、定年退職という言葉を使うようになった）。

停年退官した時にヒラノ教授は、〝名誉教授〟という称号を頂戴した。しかし定年退職した時には、この称号を貰うことはできなかった。

名誉教授号を頂くためには、勤続年数や職位などに関する一定の基準を満たしたうえで、学部教授会の推薦を受けることが条件になっている。基準を満たしていても、在職中に周囲に大きな迷惑をかけると、推薦されないこともある。

ヒラノ教授の場合、一九年間勤めた東京工業大学では、特別な問題を起こさなかったので推薦を受けた。一方、中央大学には一〇年しか勤めなかったので、基準が満たされなかったのである。

工学部名誉教授の大半は、隠遁生活を送っている。しかし中には、〝特任教授〟として、現役時代並みに活躍している人もいる。東京工業大学や中央大学理工学部の特任教授は、大きな学会の会長や政府の審議会委員などの要職を歴任した実力者揃いである。

ところが〝特任〟スタッフの実態は、大学や学部によってかなり違いがある。私立大学の文系学部の中には、芸能人や有名人を特任教授に任命して、〝広告塔〟を務めさせているところがあるし、特任研究員に至っては、なぜこんな人がと思うような人もいる。

引退後の名誉教授は、十分な蓄えがあって十分に健康なら、『頭の体操』シリーズで有名な多湖輝先生が推奨する、〝楽老（らくろう）生活〟を送ることができる。しかし蓄えと健康の一方が足りない人は、〝苦老生活〟を強いられる。

頭と体はオーケーでも蓄えがない名誉教授や、蓄えと頭は完璧でもやることがない元教授の中には、日本の大学もアメリカの大学に倣って、定年制度を廃止してくれればいいと思っている人もいるだろう。しかしヒラノ名誉教授は、一定の年齢に達した老人を強制解雇する定年制度は絶対に必要だと考えている。

なぜならこれを廃止すると、日本の大学も高齢教授が溢れる〝養老大学〟になってしまうからである。これは杞憂ではない。実際ひところアメリカの有力大学には、教授全員が六〇歳以上という学科があった。こんな学科は早晩潰れる（と思っていたところ、実際に潰れた）。

一つ目はともかく、二つ目の名誉教授号は貰っても仕方がない。しかし、五年勤めるだけで名誉教授にしてもらえるという話を聞くと、釈然としない思いが残る。実際東京大学では、役所や海外の大学からスカウトした教授に、特別な貢献があったという理由をつけて、勤務期間が五年未満でも名誉教授号を与える場合があるという。

加藤秀俊氏（京都大学名誉教授）によれば、大学教授は敗戦直後には二〇〇〇人しかいなかったそうである。それが今では二〇万人もいるという。数が一〇〇倍になれば、（名誉）教授の価値は一〇〇分の一になる。

「名誉教授号とは、バレンタインデーの義理チョコのようなものだ。その心は、もらっても大して嬉しくないが、もらわないと（みんながもらっているので）かなり傷つく」と言ったのは、東工大の大物教授E氏である。

名誉教授号の効用

敗戦後まもない蒲田を舞台にした、NHKの連続テレビ小説『梅ちゃん先生』によると、昭和二〇年代の帝都大学医学部の名誉教授は、常時大学に出勤して現役教授を指図していたようだ。

一方、ヒラノ教授が学生時代を過ごした昭和三〇年代の東京大学工学部には、各学科に一つずつ名誉教授室が用意されていたが、その部屋に住んでいるのは最年少助教授だった。思い出してみればヒラノ青年は、学生時代にキャンパス内で名誉教授の姿を見かけたことは一度もない。一〇年の間に制度が変わったのだろうか。それとも、医学部は特別だったのだろうか。

時は流れ、平成二五年現在の東京工業大学名誉教授号の効用は、大学図書館を学生並みに利用できること、半年ごとに広報誌が送られてくること、そして入学式や卒業式の際に、ひな壇に招待されることとくらいである。

なおアメリカの有力大学の名誉教授は、相部屋ながら研究室を与えられるし、一定の範囲で事務的サービスを受けることもできる。

また筑波大学の名誉教授は、図書館が契約している様々な専門ジャーナルを、現役教授並みに無料で読めるということである。理論系の名誉教授は、退職後も意欲を失わない限り研究を継続することができるわけだ。一方、設備・資金と大学院生を取り上げられた実験系の名誉教授は、たとえジャーナルを読むことが出来ても、研究を続けることはできない。

中央大学を定年退職したあと一年ほどして、東京工業大学から卒業式への招待状が届いた。忙しさにかまけて返信はがきを出し忘れたところ、秘書課から電話が掛ってきた。

「東工大の秘書課の者ですが、ヒラノ先生はおいでですか」

「はい、私ですが」

「卒業式の招待状をお送りしましたが、ご出席頂けますでしょうか」

「いえ、あのその。いつでしたっけ」

「三月××日です」

「あいにくその日は、中央大学の卒業式と重なっていますので、ムニャムニャ」

六〇代の名誉教授の多くは定職に就いているので、卒業式に招待されても出席しているヒマが無い。一方八〇過ぎの名誉教授は、ヒマがあっても気力と体力がない。ひな壇ががらがらだとサマにならないので、（中央大学を解雇されたばかりの）ヒマで元気そうな七〇代初めの名誉教授が狙い撃ちされたのだ。

政府関係機関の場合は、会議の開催通知に返事を出さないと必ず問い合わせがくる。不意を突かれてうろたえると血圧が上がるので、いつもきちんと返信していた。しかし今回は、四〇

○人もいる名誉教授に出席確認などするはずがないと思って、スルーしてしまったのである。
なお中央大学からも、（名誉教授にしてもらえなかった）ヒラノ元教授に招待状が届いた。しかしこれを真に受けて出かけていくと、現役教授から〝何もやることがないんだな〟、もしくは〝もうボケちまったのか〟と思われること請け合いである。

名刺の肩書

企業人の場合、〝名誉会長〟はあっても、〝名誉取締役〟や〝名誉副社長〟という称号は聞いたことがない。大電機メーカーの常務取締役を務めた友人は、ヒラノ名誉教授が羨ましいと言っていた。なぜなら、死ぬまで堂々とこの肩書きを使えるからだそうだ。

現役を引退した名誉教授には、名刺を差し出す機会は滅多にない。それが分かっていたにも拘わらず、ヒラノ名誉教授はもしもの場合に備えて、二五ドルという大金を払って二〇〇枚の名刺を作った。しかし、その後二年間で必要になったのは、二〇枚だけだった。この分では、次に発注するのは傘寿を超えてからになるだろう。

ヒラノ名誉教授はあちこちで、〝名誉教授になっても、いいことはほとんどない〟という事実を暴露した。これを気にしたわけではないだろうが、この原稿を書いているさなかに東工大の事務局から、〝名誉教授の皆様へのサービス向上を図るため、このたび名誉教授証を発行することになりましたので、ご希望の方はお申し出ください〃というお知らせが届いた。

〃リクエストすべきかせざるべきか？〃。運転免許証のように、身分証明の役に立つのであれば、たとえ五〇〇円払ってもリクエストするところだが、その効用は東工大のキャンパスにしか及ばないという。そのようなものを頂いても仕方が無いし、これを所持しているとまずいことになる場合すらある。

いま仮にヒラノ名誉教授が、東京メトロの上りエスカレーターで、目の前のムチムチおしりにうっかり手を触れて、駅事務所に突き出されたものとしよう。このとき名誉教授証を携行していると、「東工大の名誉教授ともあろう人が、このような破廉恥行為を働くとは、云々」という お叱りを受けるだけではもちろん済まず、警察に通報されて、〃東工大名誉教授　痴漢行為で逮捕〃という新聞記事が出る可能性がある。

名誉教授はすでに解雇済みなので、破廉恥行為を働いても懲戒解雇処分を受ける心配はない。しかし、新聞に名前が出ると、大学の名誉を汚した廉で名誉教授号を剥奪されることはありうる。

数年前までは、名誉教授授与規定はあっても、剥奪規定を設けている大学は皆無だったが、このところあちこちの大学で剥奪規定を作る動きが出ている。これは名誉教授が増殖したため、問題を起こす人が増えたからだろう。

くどいようだが、名誉教授号を頂いても、実質的なメリットはほとんどない。しかし世間一般の人は、学生時代のヒラノ青年のように、名誉教授は現役教授より偉い人だと思っているかもしれない。

ということは、現役時代には三〇〇〇部しか売れなかった本でも、名誉教授という肩書きがあれば五〇〇〇部くらい売れるかもしれない。

ほとんど役に立たない称号でも、取り上げられると本が売れなくなる（あるいは出してもらえなくなる）から、ヒラノ名誉教授は右手に手提げかばん、左手にステッキを持ってメトロに乗るのである。

2　エンジニアに向かない少年

図画工作がダメな少年

ヒラノ名誉教授は中央大学を定年退職した後、〝工学部の語り部〟を名乗って、〝日本の秘境・工学部〟を表・裏、縦・横・斜め、そしてド真ん中から紹介する本（暴露本という人もいる）を書き続けてきた。

大震災直前に出した『工学部ヒラノ教授』（新潮社、二〇一一）に始まる六冊の〝ヒラノ教授シリーズ〟は、工学部とはどのようなところか、そこでは〝機々械々な〟人たちが、何を考えながら仕事をしているのかを紹介したものであるが、先輩・同僚・後輩諸氏は、〝謹厳だった〟ヒラノ教授が、このような〝暴露本〟を書いたことに驚いたようである。

ところが小学校・中学校時代の友人は、〝ヒラノはやっぱりああいう奴だったのだ〟と納得しているのではなかろうか。おそらく彼らは、ヒラノ少年が工学部に進んで、東工大の教授になるとは思っていなかったはずだ。なぜならヒラノ少年は、エンジニアになるための基本的素養を欠いていたからである。

ヒラノ少年自身も、自分がエンジニアに向かないことはよく分かっていた。小学校時代を通じて、エンジニアの必須条件である図画・工作で、2以上の成績をもらったことは一度もなかったからである。

一方、三つ年上の兄は、勉強がよくできただけでなく、絵も工作も上手だった。六年生のときに描いた絵は、静岡県知事から表彰されている。ヒラノ少年が評点2をもらうことができたのは、夏休み冬休みの課題を兄に手伝ってもらったからである（そのせいで今も頭が上がらない）。なぜこんなに違うのか。それは兄が母親似だったのに対して、弟は父親に似たからである。

手先が不器用なヒラノ少年は、実験がつきものの理科もあまり好きではなかった。算数は仲間たちよりは出来たが、小学生時代に三角関数を、中学時代に微分積分学をマスターした兄に比べれば、月とすっぽんほどの差があった。

国語は可もなく不可もなし。ただし、母から先天的ほら吹きと呼ばれただけあって、作り話と作文は得意だった。学芸会で、ほら吹き仲間三人が「ポンタと三吉」なる即興劇を演じて、やんやの喝采を受けたこともある。

このままほら吹き生活を続けていれば、母が心配した通り、手が後ろに回っていたかもしれない（実際ほら吹き仲間の一人は、後年お縄をちょうだいした）。

大学助教授のミゼラブルな生活

父は駅弁大学で数学を教えていたが、敗戦直後の国立大学助教授の生活は、まことにミゼラブルなものだった。当時の日本国民の生活レベルを一〇段階に分ければ、良くて下から二番目か三番目だったのではなかろうか。

国が破産したのだから仕方がないとはいうものの、国家公務員の給料はしばしば〝遅配〟になった。国の財布が空っぽなので、しばらく待って下さいというのである。ところが、待っていれば必ず出るかと言えば、そうとも限らない。これが恐怖の〝欠配〟である

いつやってくるとも知れない遅配・欠配に備えて、父は大学のグラウンドの一角に畑を作り、さつま芋や玉ねぎを植えていた。休みの日には、ヒラノ少年も畑の手入れに引っ張り出され、へこんだお腹は更にへこんだ。

腹が減って眠れない少年は、夜中に起き出して非常用の乾パンを盗み食いした。母親に見つかって厳しく折檻された時は、あまりの悲しさに首を吊ろうと思ったが、そのためには道具立てと技術が必要である。

どうすればいいか分からないので、腹一杯食べてからでも遅くないと思って先延ばししてい

るうちに、いつの間にか七二歳になってしまった。

NHKの連続テレビ小説『梅ちゃん先生』を見たヒラノ名誉教授は、あのころの窮乏生活を思い出した。この物語は、敗戦直後の蒲田を舞台としたものであるが、帝都大学医学部に勤める下村教授一家の食生活は、ヒラノ家のそれとは大きな開きがあった。

卓袱台の上に並んだ何種類ものおかずと、白いご飯を食べている画面を前に、「そんなもんじゃなかったぞ！」と声を上げたくらいである。また母親と祖母が、内職なるものと一切関わりがないのも、納得がいかないことだった（ヒラノ家では母だけでなく、父も夜遅くまでゴム靴の底貼りをやっていた）。

東京と地方都市、帝都大学と駅弁大学、医学部と文理学部、五〇歳の教授と四〇歳の助教授の間には、ある程度の生活格差があっても不思議はない。しかし、それを考慮しても差があり過ぎると思ったのは、ヒラノ名誉教授だけではなかった。戦後の耐乏生活を生き延びた公務員の倅である東大名誉教授も同じ意見だった。

疑問が解けたのは、下村教授が資産家の養子であることを知った時である。戦前の資産家は、戦争後も資産を持っていたのだ。このことを知った時ヒラノ名誉教授は、下村家の豊かさに疑問を持った視聴者のクレームを受けて、作者が急きょこのストーリーを組み込んだのではないかと疑った（養子にしては、奥さんに対する態度が大きすぎる！）。

読書少年

小学校低学年時代のヒラノ少年は、学校の帰りに寄り道三昧の生活を送った。薬局を経営する友人の家に行くとチューブ入りの練乳が、パン屋さんの家に行けば大きなメロンパンが、そして呉服屋の家に行くと薄い板チョコが出た。一方ヒラノ家では、おやつなるものは出たためしがなかった。

暗くなるころ家に帰り、一汁一菜の晩ご飯を食べると、すぐに布団に入った。宿題はほとんど出なかったし、ラジオは壊れていた。マルクスの『資本論』や『微分幾何学』の本はあっても、子供向きの本はないから、暗くなると寝るしかないのである。

三年生になるころから、ヒラノ少年は講談社の『少年・少女世界名作全集』に嵌り込んだ。図書館から借りだした『ああ無情』、『宝島』、『岩窟王』、『鉄仮面』、『三銃士』、『小公子』、『王子と乞食』、『二都物語』、『リア王』などを読んで、涙を流しながら眠った。

偕成社やポプラ社から出版された『紅はこべ』、『アーサー王と円卓の騎士』、『クオ・ヴァディス』、『大尉の娘』、『ポンペイ最後の日』、『クオレ』などの名作も、ほとんど全部読んだ。

いずれも、大部な原作を子供向けに書き改めた〝超訳〟ものであるが、この当時は一流の文筆家がこの種の仕事を手がけていた。世界名作と呼ばれるだけあって、これらの本はどれもとても面白かった。

どれひとつを取っても、このようなことが実際にあるのだろうかと思わせる内容であるが、それらの中で最も影響を受けた三冊を挙げよと言われたら、ヴィクトル・ユゴーの『ああ無情』、アレクサンドル・デュマの『岩窟王』、そしてウィリアム・シェイクスピアの『リア王』だと答えよう。

飢えた妹のためにパンを盗んだがために、一生執念深いジャベル刑事に追われるジャン・バルジャン。無実の罪で一四年にわたってシャトー・ディフの監獄につながれた、エドモン・ダンテスの用意周倒な復讐の物語。そして悪辣・強欲な長女・次女に欺かれ、自ら眼の玉をえぐり出して嵐の中を彷徨するリア王。

またこのころは一流の作家が子供相手の本を書いていた。有名なのは江戸川乱歩の〝怪人二十面相シリーズ〟や野村胡堂の冒険シリーズであるが、横溝正史、高木彬光、海野十三などの作家も、子供向けの推理小説を書いていた。

吉屋信子、宇野千代、円地文子など、昭和の大女流作家の少女小説は、ワンパターンながらいつも感動した。二人の美少女が唇を寄せ合う隠微な挿絵を見たヒラノ少年は、異様な性的興奮を覚えたものである。

小説だけではない。ポプラ社から出ていた世界偉人伝も、ほとんど全部読んだ。野口英世、湯川秀樹、北里柴三郎、エジソン、キュリー夫人、アインシュタイン等々。〝世の中には凄い人がいるんだなぁ〟。

偉い人には驚くことばかりだったが、〝湯川少年は小学生時代に一から一〇〇までの自然数の和を求める方法を編み出した〟という逸話を読んだヒラノ少年は、〝そんなことなら僕も知っていたゾ。もしかしたら自分も……〟と大興奮した（残念ながら、もしかしませんでした）。

これらの小説や伝記は、ヒラノ少年の血となり肉となった。しかし読書のような〝まどろっこしいこと〟より、手っ取り早い楽しみを求める今の若者は、エドモン・ダンテスすら知らないようである。

映画少年

ヒラノ少年は小学校低学年時代に、映画狂の父に連れられて、時折アメリカ映画を見に行っていた。『駅馬車』、『荒野の決闘』などの西部劇、『イースター・パレード』や『錨を上げて』などのミュージカル、『海賊ブラッド』や『コルシカの兄弟』などの活劇、『珍道中シリーズ』や『底抜けシリーズ』などのドタバタ劇は、ヒラノ少年を魅了した。

高学年になってからは、（タダ入り出来なくなったので）連れて行ってもらう頻度は減ったが、『真昼の決闘』、『白熱』、『ファンタジア』などを見た時の興奮は今も忘れない。

中学に入ったヒラノ少年は、ほとんど毎週二本立て、三本立ての映画館に入り浸っていた。『大いなる幻影』、『商船テナシティー』、『望郷』などのフランス名画や、公開されたハリウッド映画のほとんどすべてを見ていたわけだが、批評家が酷評したものでも、中学生には十分面白かった。

映画館に入るには、入場券を買わなくてはならない。かけそばが二〇円、週刊誌が三〇円だったこの時代、場末の映画館の中学生料金は六〇円だった。月々三〇〇円程度の小遣いで、なぜ毎週見に行けたのだろうか。答えは、〝時折母の財布から小銭をくすねたから。映画マニアの父が、母には内緒で入場料を渡してくれたから〟である。

映画や小説には、あらゆる人生が詰まっていた。罪を犯せば罰が待っていること。どれほど愛しても、報われないことがあること。些細なことで、友情や愛が壊れることがあること。挫折した時でも、女性の愛や友人の支えがあれば立ち直れること。絶対にこういうことだけは避けたいと思っていても、そのような境遇に落ち込むこともあること、などなど。

家に帰ると、感銘を受けた映画について感想文を書いた。批評家の評価は高くても、どこがいいのかわからなかった映画、たとえば『悪魔が夜来る』や『ミモザ館』などは、率直につまらなかったと書いた。

また中学生には不適切な映画、例えば『青い麦』や『肉体の悪魔』については、最大限に背伸びして、〝中年の貴婦人にもてあそばれたフィリップ少年の、甘酸っぱいひと夏の体験〟だとか、〝青年の子供を身ごもった人妻マルトは、決して不実な女ではない〟なんて書いた。

当時の映画のセックス描写はまことに〝上品〟だった。フィリップ少年が貴婦人に誘われてベッドの中に倒れ込むと画面は暗くなり、次のシーンでは二人がベッドに横たわっている。〝途中でどんなことが行われたのか？・？・？・〟。想像を思いきり逞しくしたが、具体的なことはよく分からなかった。

後年テレビで『氷の微笑』を見たヒラノ名誉教授は、これなら小学生でも分かっただろうと思ったが、この当時このように〝ワイセツな〟映画を、母と娘がテレビで見る時代が来ると考えた日本人は、何人いただろうか。

感想文ノートを友人に見せたところ、いつの間にかそれがオールドミス教師の手に渡り、女性教師の間で廻し読みされた。

「ヒラノ君は何でも知っているのね。『アンナ・カレーニナ』や『欲望という名の電車』の感想文を読んで、ゾクゾクしちゃったわ」

〝ぞくぞくしたってどういう意味だ!?・〟。笑い者にされたヒラノ少年は、それ以来〝映画評論〟を書く気を削がれた。

ウィークデーの午後は友人の家（ヒラノ少年はこの家を、〝少年交差点〟と呼んでいた）に入り浸って、才能豊かなエリート少年たちとの交流で時間を過ごし、夜は学校の図書室や貸本屋で借りてきた本を読んだ。

吉川英治や山岡宗八の時代小説。モーリス・ルブラン、アガサ・クリスティーの探偵小説。夏目漱石、森鴎外、三島由紀夫などの純文学。デュマ、バルザック、ディケンズ、スタンダール、ツルゲーネフなどの古典。ヘルマン・ヘッセやロジェ・マルタン・デュガールの青春文学。井上靖のよろめき小説。宇野千代の官能小説。そして『アンネの日記』、『愛は死を超えて』などのノンフィクションを、手あたり次第に読んだ。

映画と違って、面白くない本もあった。しかし、五冊のうち四冊は面白かった。不遜だと思われるかもしれないが、ヒラノ名誉教授は、〝面白い本は、中学時代にほとんどすべて読んでしまった〟ような気がしている。

大胆の三乗から慎重の三乗へ

友人との交流と、映画と読書で手に入れた知識は、ヒラノ少年の一生の財産になった。ところが、受験勉強に手抜きしたのが祟って、三人に二人が合格する日比谷高校の受験に失敗した。仲間の中でただ一人、志望高校にはねられたヒラノ少年は猛省した。〝おふくろが言うとおりだ。俺のような破滅型人間は、好きなことをやっていると破滅する——〟。

上板橋にある私立高校で一年間雌伏したヒラノ少年は、モンテ・クリスト伯の最後に記された〝待て。而して希望せよ〟という言葉に支えられて猛勉強に励み、翌年春に日比谷高校に編入を果たした。しかしその時、かつての〝大胆の三乗〟中学生は、〝慎重の三乗〟高校生になっていた。

人は言う。〝自分に忠実に生きよ〟と。しかしヒラノ青年は、なぜそうするのがいいのか分からなかった。もし自分に忠実に生きていたら、大胆の三乗生活を続けて破滅していたからである。

高校に入ってからは、友人たちとの付き合いはほどほどにして、まじめに勉強した。好きなこと（映画、賭けマージャン、パチンコ）に深入りすると破滅するから、誘われてもなるべく近寄らないようにした。

しかし、勉強ばかりやっていたのかと言えばそうでもない。高校二年の時には、友人に口説かれて（好きでもない）ラグビー部に入り、（部員が足りないので）レギュラーとして試合に出ていたし、勉強に飽きた時には、あれこれ小説を読んでいた。

サマセット・モームの『世界十大小説』に取り上げられた本の中で、高校を卒業するまでに読まなかったのは、ヘンリー・フィールディングの『トム・ジョーンズ』とトルストイの『戦争と平和』だけである。

『トム・ジョーンズ』は、高校時代にはその存在すら知らなかった（一方セックス・アッピール ムンムンのトム・ジョーンズの歌は、留学時代に良く聴いた）。『戦争と平和』は手に取ったが、半分も読めなかった。これと同程度に長い『カラマーゾフの兄弟』や『モンテ・クリスト伯』を全部読み切ったことをからすると、面白くなかったのだろう（同じトルストイでも、『アンナ・カレーニナ』や『復活』はとても面白かった）。

なお東大教授諸氏が、新入生に最も読んでもらいたい本として第一にあげたのは『カラマーゾフの兄弟』だということだが、それは幻想ではなかろうか。高校時代に読んで、分かったつもりになっていたヒラノ名誉教授は断言する。キリスト教や男女関係の機微に関する知識がない二〇歳の若者に理解できるはずがない、と。

3　工学部に紛れ込んだ青年

大学教授はカッコイイ

小学校低学年時代のヒラノ少年は、大学教授になりたいとは全く考えなかった。大学助教授の息子は、商店主や工場経営者の子弟が多い五〇人の同級生の中で、最も腹をすかせていたからである。

〝大学勤めも悪くないな〟と思うようになったのは、昭和二五年にはじまった朝鮮戦争のあとである。決して豊かとはいえないものの、食べる心配がなくなったのは、お金持ちのドラ息子や高校のバカ先生が、父のところに数学を習いに来るようになってからである。

山登りが好きな父は、長い夏休みには、学生を引き連れて穂高や槍に登っていた。父はまた、毎週何回か晩ご飯のあと、〝一人で〟映画を見に行っていた。大学を早く抜け出して、帰宅途中にも見ていた形跡がある。

学期中は毎日大学に出かけるのかと言えば、そうでもない。講義がない日は、家で本を読んでいてもいいのだそうだ。父と同じ大学の教育学部教授を務める付属小学校の校長先生も、たまに演説するだけで、これまたいつも本を読んでいた。

〝大学教授は、本を読んでいるだけで尊敬されるいい職業だ〟。本を読むのが趣味のヒラノ少年はこう思っていた。

その後、明治学院大学の竹中治郎教授から、英語の個人レッスンを受けるようになったヒラノ少年は、〝大学教授はかっこいい〟と思うようになった。

一九〇一年生まれの竹中教授は、名門コロンビア大学に留学して博士号を取った、わが国における米語（アメリカ英語）の第一人者である。大先生の書斎には、原語のシェイクスピア全集や、スタインベック、ホーソン全集などとともに、自分が書いた一〇冊以上の著書が並んでいた。〝偉い先生なんだなぁ〟。

第一人者の個人指導を受けるただ一人の中学生という、普通ではありえないことが起こったのは、それまで教えて貰っていた英文科卒の（怖い）お嬢様が、汗ムンムンでやる気マンマンの少年を放り出したので、大先生が「仕方がない。オレが替わりに見てやろう」と言ったからだ。なぜ仕方がないかと言えば、大先生の息子が、バーターでヒラノ少年の父親に数学を習っていたからである。

大先生を失望させないように、ヒラノ少年は二年にわたって、毎週日曜午後のレッスンに全力投球した。中学時代のヒラノ少年は、エリート少年との交流と映画・小説以外は、英語にすべての時間を使っていた。

なぜそれほど英語に打ち込んだのか。それは友人の父親である大新聞の論説主幹が、「これからの日本は、一日も早くアメリカに追いつかなくてはならない。その役割を担う君たちは、しっかり英語を勉強しておくように」とアドバイスしてくれたからである。

教材は新約聖書から始まって、マーク・トウェインやヘミングウェイの短編に及んだ。また毎週、文豪の名文を暗記したうえで、教授の最新著書『英熟語辞書』五ページ分に記された熟語を使って短文を作る宿題を与えられた。

プロの学者とはこういうものかと感服したのは、研究社の『大英和辞典』のページを二度めくるだけで、目当ての単語を探り当てる神業である。この技を身につけるために、大先生は何万回この辞書を引いたのだろうか。

大先生から、「君はうちの学生より実力がある」とおだてられたヒラノ少年は、将来英文学科に進んで、竹中教授のような人になりたいと考えていた。

理工系ブーム

母は、三つ年上の長男が東京大学数学科の教授になることを望んでいた（次男は泥棒にさえなりさえしなければ、どうなっても構わないと思っていた）。しかし長男は、母の希望を無視して法学部に進んだ。長男が〝権力の手先〟の道を選んだことに落胆した母は、次男に数学者になるようプレッシャーを掛けた。

しかし高校時代に、仲間たちから〝天皇陛下〟と崇められる数学の天才とつきあったヒラノ青年は、数学者になっても絶対に一流にはなれないことが分かっていた。

高校の数学なら、本気で勉強すれば入学試験に合格する程度の成績を取ることができる。ところが、〝天皇陛下〟がマスターしたという大学の教科書『解析概論』（岩波書店）を手に取ったヒラノ青年は、最初に書かれている〝デデキントの実数の切断〟で頭がよじれた。

〝実数直線をあるところで二つに切断すると、一方には端があってももう一方には端が無い〟。分かったようで分からない話なので、そこを飛ばして暫く行くと、〝ハイネ＝ボレルの被覆定理〟のお出ましである。

〝n次元ユークリッド空間の有界閉集合Sが無限個の開集合で覆われている時、有限個の開集合で覆われている――〟。

〝一体どういうことなのか？〟。数学者になるためには、このような抽象的概念や定理を整然と頭の中に格納しなくてはならないのである。

とても数学者は務まりそうもないが、米語の第一人者の愛弟子は、英文学科に進めば第一人者になれるかもしれないと思っていた。第一人者になれれば、大学教授になれる。大学教授になれば、仕事の合間にアメリカ文学の翻訳や映画評論をやって、楽しく暮らせるかもしれない。

第一人者になるためには、まず一流大学に入らなくてはならない。こう考えたヒラノ青年は、〝超勉強マシーン〟と呼ばれる同級生の野口悠紀雄青年にならって、すべての学科をまんべんなく勉強する〝勉強マシーン〟になった。

ところが、英文科に進むつもりだったヒラノ青年は、高校三年になってその軌道から外れた。前年の一九五七年に起こった〝スプートニク・ショック〟のおかげで、（第一次）理工系ブームが始まったからである。

〝日本の発展を担うのは、科学技術である。科学技術の基礎は数学である。したがって、数学が嫌いでない人は理工系大学に進むべきだ〟。この（穴だらけの）三段論法に幻惑された多くの若者が、理工系大学に吸引された。

ヒラノ青年の友人の中で、英語や歴史が好きでも数学が嫌いでなかった人は、ほぼ全員理工系大学に進んだ。竹中先生には顔向けができないと思ったが、ヒラノ青年は多くの友人とともに、ブラックホールのような理工系大学に吸い込まれたのである。

このあと、エンジニアの活躍のおかげで、日本の製造業は大繁栄した。その一方で、一九五九年からの数年間（すなわち理工系ブームが続いた時代）に文系大学に入った人たちの中で、大歴史学者、大文学者、大哲学者になった人は、その前の世代に比べると圧倒的に少ない（違うでしょうか、文系の皆さん）。

大学入学から数えて五〇年目の二〇〇九年、ヒラノ教授は『理工系離れが経済力を奪う』（日経プレミア）という本を書き、その中で、

〝理工系大学には、すぐれた人が集まっていた。数学や物理が出来た人はもちろん、歴史や哲学でも一流になれた人、芸術家になっても成功した人まで工学部に集まっていた。二〇世紀後半の日本が製造業王国を築いたのは、彼らの努力のたまものである。ところが彼らの中で、その才能と功績に見合う処遇を受けた人は少ない〟と書いた。

生まれつきのエンジニアだけでなく、スプートニク・ショックがなければ、ほかの分野に進んだはずの人もエンジニアになり、製造業王国を支えた。それにもかかわらず、彼らが生み出した富は、エンジニアに還元されることなく、バブルの中で無為に費消されてしまった、と言いたかったのである。

先の本を出して間もないころ、法学部を出て役所に入り、後に官僚として最高のポストに就いた小学校時代の友人から、

「君は、理工系人間は恵まれなかったと思っているようだが、エンジニアは好きなことをやったのだから幸せだったはずだ。（数学が不得手な）われわれは、仕方なしに〝つまらない仕事〟に就いたのだ。同等の能力を持つ二人の人間の一方が好きな仕事をやり、もう一方が好きでない仕事をやった場合、後者がよりよい待遇を受けるのは当然ではなかろうか」というお叱りの手紙を頂戴した。

〝数学が出来ない人が辛い思いをしていたことは分かるが、それにしても役人として頂点をきわめた人物が、自分の職業を〝つまらない仕事〟と呼ぶのはいかがなものだろう〟。これがヒラノ名誉教授の率直な感想である。

似たような話をもう一つ。東工大を出て金融機関に就職した友人に向かって、薄給の製造業勤めのエンジニアが酒の席で高給を羨んだ時、金融マンは「君たちと違ってつまらない仕事をしているのだから、給料くらい多くしてもらわなければやっていられないよ」と言い返している。

東京大学理科一類

東京大学理科一類に入った学生の進学先は、理学部と工学部である。しかし、図画・工作がダメな不器用男が、工学部に進んでもうまくやれるとは思えない。

一方、理学部はどうかと言えば、人気ナンバー1の物理学科には入れて貰えないし、数学科に行っても脳みそのお化けには太刀打ちできない。化学と生物には興味が持てない。どこにも行き場がないヒラノ青年は途方にくれた。

ところが困っていたのは、ヒラノ青年だけではなかった。本来であれば別の分野に進んだほうが良かった多くの学生が、理工系ブームの中で理工系大学に迷い込んだのである。道を間違ったことに気付いた何人もの学生が、文系領域に転進した。その中には成功した人も多い。何人か例を上げよう。

経済学の野口悠紀雄教授（大蔵省・一橋大・東大・早大）：東大工学部卒→イエール大
経済学の植田和男教授（東大）：東大理学部卒→ＭＩＴ
経営学の梅沢豊教授（東大）：東大工学部卒
社会学の今田高俊教授（東工大）：東大文学部卒
多変量解析の柳井晴夫教授（千葉大）：東大教育学部卒
心理学の佐伯胖教授（東京理科大・東大）：慶大工学部卒
心理学の安西祐一郎教授（北大・慶応大）：慶大工学部卒
政治学の薬師寺泰蔵教授（埼玉大・慶応大）：慶大工学部卒→ＭＩＴ

また、ヒラノ教授と同じスタンフォード大学ＯＲ学科に留学して博士号を取った鳩山由紀夫元総理や、金子郁容教授（慶応大学）も、文転して成功した人である。

ヒラノ教授が知っているだけでもこれだけいるのだから、理工系・文転組はこの数倍はいただろう。

一方ヒラノ青年にとって、文転はあり得ない選択肢だった。そんなことをしたら、母が学資を出してくれなくなる。「法学部は権力者の手先。経済学部は資本家の手先。文学部は非国民。工学部はタダの職人。大学と呼べるのは理学部だけ」これが母の口癖だった。

ところがヒラノ青年は運よく、自分でも何とかやっていけそうな学科があることに気付いたのである。それは学生たちの間で、〝その他もろもろ工学科〟と呼ばれていた「応用物理学科」の「数理工学コース」である。

応用物理学科は、工学部の本流を自任する土木・機械・電気・応用化学（いわゆる土・機・電・化）グループと違って、その境目に登場する新分野にチャレンジする学科である。

この学科には「物理工学コース」、「計測工学コース」、「数理工学コース」という三つのコースがあって、定員八人の数理工学コースは、数学的手法を用いて、工学上の〝あらゆる問題〟を分析することを目指していた。

数学的手法の応用なら、数学科に進んだ方がいいと思う読者もいるだろう。しかし、当時の数学科の教授たちは、代数学・幾何学・解析学・確率論以外は数学ではないと考えていた（そう考えている人は、今も大勢いる）。それも純粋な数学理論だけで、それを現実問題の解決に応用することには、全く関心がなかったのである。〝数学者の、数学者による、数学者のための数学〟と言われていた所以である。

一方、第二次世界大戦後、アメリカを中心に工学や経済学上の問題に数学を応用する〝数理科学（工学）〟が大発展を続けていた。サイバネティクス、制御工学、数理統計学、オペレーションズ・リサーチ（ＯＲ）、数理経済学、計算機数学などである。

ところが日本の数学者は、これらの分野に全く関心を示さなかった。例外は、アメリカに留学して数理経済学に転進した数学者と、計算機科学に参入した（数学の本流から外れる）数学基礎論の専門家くらいである。

一方エンジニアは、ニーズがあって面白そうなことであれば、どのようなことでもやるのがモットーである。数学者が数学の応用に関心がないのであれば、われわれがやるべきではないか。

こうして生まれたのが、〝エンジニアの、エンジニアによる、社会のための数学〟、すなわち「数理工学」である。

これなら母親に申し訳が立つだろうと思ったが、ダメだった。

「工学部出は、どう転んでも職人にしかなれないんだよ」

「工学部にもいろいろあるんだ。数理工学コースは、数学者が関心を持たない新しい数学をやるところなんだ。森口先生は、数学者より数学が出来るんだぜ」

「だったら、なぜ数学科に行かなかったのさ。バカだねえ」

「数学が出来る人は、戦争中は航空学科に行ったんだよ」

「私をごまかそうとしてもダメだよ。せっかく育てたのに職人とはねえ」

この時ヒラノ青年は、反論しても無駄だと思った。しかしもし母が、〝工学部出は下積みで終わる〟と言いたかったのであれば、それはかなりの程度正しい。（富士製鉄のような）文系王国企業に入ったエンジニアは、面白い仕事はやれたかもしれないが、せいぜい常務取締役にしかなれなかったからである。

4　研究者への道

オペレーションズ・リサーチ

ヒラノ青年は、数学者が関心を持たない数理工学であれば、大学教授になれるかもしれないと考えた。しかしこの思惑は完全に外れた。

敗戦後に、進駐軍によって解体された航空学科の後身であるこの学科には、数学者と同程度以上に数学力があって、〝役に立つ数学〟をやりたいと考える大秀才たちが集まっていたのである。

数理工学コースは、教授・助教授が二人ずつ、学生定員が八人という小さな所帯である。〝東京大学工学部三〇年に一人の大秀才〟と呼ばれた森口教授は、次から次へと出現する新分野をいち早くマスターして、一時は四つの分野（統計学、オペレーションズ・リサーチ、数値解析、計算機プログラミング）の第一人者を兼務していた。

また、この人とペアを組む伊理正夫助教授も、森口教授以来一六年ぶりの秀才で、この人と対抗できるのは、経済学部の天才・竹内啓助教授だけだと言われていた。

ここに集まったわれこそはという学生たちは、三〇年に一人の秀才と、それに続く一六年ぶりの秀才を目の当たりにして、ある人は奮い立ったが、ほとんどの人は委縮した。もちろんヒラノ青年は、委縮した一人である。

しかしヒラノ青年は幸せだった。大学に入って初めて、面白いと思う学問に出会ったからである。特に面白かったのは、数学的手法を用いて、〝個人や組織における意思決定問題〟を扱うオペレーションズ・リサーチ（OR）である。

第二次大戦後にアメリカで発展したORは、現在のITに匹敵する注目を集めていた。「線形計画法」、「非線形計画法」、「ネットワーク・フロー理論」、「ダイナミック・プログラミング」、「待ち行列理論」、「ゲーム理論」など、次々と誕生した新分野が急成長を続けていた。

わが国におけるORの第一人者である森口教授のガイダンスを聞いたヒラノ青年は、〝これだ！　これしかない〟と考えてこの学科に入れて貰った。しかし、このころすでに森口教授の関心は、より新しい成長分野「計算機科学（数値解析と計算機プログラミング）」に移っていた。

また弟子のほとんども、教授の転進に合わせて計算機科学の研究をやっていた。先生の関心がない研究をやると、冷遇されるだろうと考えたヒラノ青年は、卒研でとりあげた「ゲーム理論」（この当時は、ＯＲの一分野と位置付けられていた）から、「数値解析」に転向した。

しかし、理と文と工の境界にあるＯＲならともかく、数学そのものと言うべき数値解析で仲間たちに勝つのは容易でない。勝てなければ、大学教授になれない。また企業に入っても、エンジニア（職人）としてうまくやっていくことは出来そうもない。

〝とりあえず大学院に入って、修士課程を終えるまでにじっくり将来のことを考えよう〟。こう考えたヒラノ青年は、そのあとまじめに勉強して、九人の同期生の中の三番の成績で大学院に入れてもらった。

モラトリアム学生は、大学院で一年を過ごすうちに、自分のような人間が生きていける職場は大学しかないと考えるようになった。〝博士号を取れば、大学で働くチャンスがあるかもしれない――〟。

しかし森口研究室では、博士課程に受け入れてもらえるのは、三年に一人の大秀才だけだった。そしてその切符は、同期の中でダントツの秀才・Ｆ青年の手中にあった（この人は後に森口教授のあとを継いで東大教授になった）。

博士課程の切符を手に入れることが出来なかったヒラノ青年は、修士課程を出たあと、民間のシンクタンク「電力中央研究所」に入れてもらうことにした。

ひとたび民間に出た男は、専門家をあっと驚かすような業績を上げなければ、大学に戻ることはできない。しかし、ヒラノ青年は諦められなかった。〝電力中央研究所は、自分がやりたい研究がやれるということだから、いつの日にか博士号を取ることができるかもしれない――〟。電力中央研究所は、確かに自由なところだった。ヒラノ青年は、自由すぎる環境で、何をやれば博士号が取れるのか分からないまま、二年余りを過ごした。

三年目になって、思いがけない幸運が巡ってきた。高度経済成長のおかげで、資金的なゆとりができた研究所で海外留学制度が新設され、スタンフォード大学に留学することになったのである。

世界有数の大学で、〝線形計画法の父〟と呼ばれるジョージ・ダンツィク教授の指導を受けることになったヒラノ青年は、何が何でも博士号を取ろうと決心した。そして、毎日一四時間の勉強に励んだおかげで、その目的を果たした。

幸運な青年

しかし、博士号が無ければ大学教授になれないが、博士号があってもなれるとは限らない。専門家集団をあっと言わせるような業績を上げなければ、大学に呼び戻してもらうことは出来ないのである。博士号は取れたが、論文の内容がこの条件を満たしていないことは明らかだった。

〝人間は才能が八〇％で努力が二〇％だ〟と考えていたヒラノ青年は、大学教授にはなれるとしても、それはずっと先のことだと思っていた。

ヒラノ青年が学生だった時代、大学教授のポストは少なかった。したがって、同期生の中で大学教授になれるのは、一〇人に一人くらいだと思われていた。〝才能がない男が、この枠に入れるはずがない〟。ところがこれは大間違いだった。〝人間は才能が二〇％、努力が二〇％、運が六〇％〟なのである（友人の中には、運が九〇％だと言う人もいる）。

博士号を手に入れてから三年目に、三三歳のヒラノ青年は、〝国際A級大学〟を標榜する筑波大学に、助教授として採用された。助手を経ることなく助教授ポストを手に入れることができたのは、才能がある人たちが、陸の孤島に建設される問題含みの大学を敬遠したからである。

そうとは知らないヒラノ青年は、三〇代のうちにかくかくたる研究業績を上げて国際A級研究者になり、四〇代半ばまでには教授にして貰おうと考えた。

アメリカの大学に馴染んだヒラノ青年は、大学とは研究と教育をやるところだと思っていた。ところが、新設大学工学部助教授の仕事は、研究ではなく〝教育と雑務〟だった。研究をやりたくても、研究費も研究時間もない。教育・雑務マシーンとして八年を過ごすうちに、国際A級研究者への夢は潰えた。

ここに再び幸運がやってくる。陸の孤島で苦労を重ねたヒラノ青年は、四一歳になった時に、東京工業大学の人文・社会群に教授として招かれ、研究と教育だけをやればいい身分になったのである。

しかし、四年の間研究から遠ざかっていたヒラノ教授は、なかなかエンジンがかからなかった。ピカピカの同僚と〝とんがった〟学生に取り巻かれた、〝何をやればいいのか分からない〟教授は、三年目に学科主任を引き受けたのをきっかけに、元気を取り戻した。やる気が出たヒラノ教授は、大風呂敷を広げた研究計画書を書き、三年間で一二〇〇万円という大金を文部省に申請した。

審査をパスするためには、研究実績が必要である。ところが、実績を上げるためには研究費が必要である。研究費と研究実績との関係は、いわばニワトリと卵のようなものである。実績がない若者が取るべき戦略は、有力な研究者に頭を下げて、仲間に加えてもらうことである。研究資金のおこぼれを頂戴して研究を行い、そこで得た成果を踏み台にして、独自の研究費を申請するのである。

ところが、ヒラノ青年が取り組んでいたのは、日本では（日本以外でも）誰も手を出そうとしない難問だった。一流エンジニアは、すぐには成果が出そうもない難問には関心を示さないものなのである。頭を下げるべき研究者を見つけることができなかったヒラノ青年は、

研究費がない→研究成果が出ない→研究費がない

という絶望サイクルに入りこんでいた。

ところが、実績がない男の大胆不敵な申請に対して、八〇〇万円という大金が支給されることになったのである。

二人の審査員の一人が五段階評価で五、もう一人が四以上の評点をつけなければ、合格率二五％の競争をくぐり抜けることは出来ない。では、実績がない男の申請はなぜ合格したのか。

一つ目の理由は、筑波大学助教授ではなく、東京工業大学教授だったこと。二つ目は、〝線形計画法の父〟にして、後に〝二〇世紀のラグランジュ〟と呼ばれることになるジョージ・ダンツィク教授の弟子だったこと。三つ目は、有り余る時間を使って、説得力がある申請書をきれいな字で書いたこと。四つ目の、そして最大の理由は、運がよかったことである。

ヒラノ青年が、エンジニアの総本山・東京工業大学の教授になり、研究者として平均以上の実績を上げることが出来たのも、数々の幸運に恵まれたおかげである。

第一の幸運は、エンジニアとしての素質がない男が生きていける、工学部でただ一つの学科に潜り込み、文と理と工の境界にあるニッチ領域、オペレーションズ・リサーチに巡り合ったことである。

第二の幸運は、アメリカ留学の機会が巡って来たことである。才能がある友人は、博士コースに進んで、早々と一流大学の助教授ポストを手にした。一方、博士課程に入れなかったために民間研究所に勤めたヒラノ青年は、高度経済成長の波に乗ってスタンフォード大学に留学して、世界一の教授の指導を受けることが出来たのである。まさに〝塞翁が馬〟である。

またスタンフォードで過ごした三年の間に、後に世界のスーパースターになる人たちと知り合えたことは、大きな資産になった。

第三の幸運は、スプートニク・ショック以後の理工系大学拡充政策のおかげで、工学部教授のポストが三倍に増えたことである。ヒラノ青年が大学教授になれたのは、教授バブルの波に乗ったからである。ヒラノ青年だけではない。応用物理学科の同期生五〇人の中で、修士課程に進んだ人のほぼ全員（二二人）が後に大学教授になっているが、これは明らかにスプートニク・バブルのおかげである。

第四の幸運は、エンジニアとしての才能が乏しい男でもやれるOR（数理計画法）と、エンジニアとしての才能が乏しいからこそやれた〝金融工学〟という分野で仕事が出来たことである。

数理計画法は、数学と工学の中間にあって、（日本の）数学者は関心を示さない領域である。一方の金融工学は、工学と経済学・経営学の中間にあって、（お金の研究を軽視している）エンジニアが〝手を出さない〟、（数学やコンピュータが苦手な標準的）経済・経営学者は〝手を出せない〟領域である。

工でも理でも文でもないヒラノ青年は、この分野に参入して、大きな〝創業者利益〟を手に入れることが出来たのである。

第五の幸運は、よきライバルと、優れた学生たちにめぐりあったことである。ライバルに追い付くべく、ヒラノ教授は目いっぱい頑張った。しかし優れた学生の協力がなければ、成果は上がらなかっただろう。ヒラノ教授は、自分に欠けているエンジニアとしての資質を学生に補ってもらったのである。

天才・白川浩教授は、学生との共同作業を〝搾取〟と呼んだ。しかしヒラノ教授は、これこそが教授と学生のウィンウィン関係だと考えている（大多数のエンジニアは、このことに同意してくれるだろう）。

ヒラノ教授、軌道に乗る

年収を上回る研究費を手にしたヒラノ教授は、一九八五年から八八年までの三年間に五編の論文を書いた。博士号を取ってからの一四年間で、七編の論文しか書けなかった男が、である。

研究費申請書を審査する際のカギになるのは、過去五年間の研究実績である。三年間に五編の論文を書いたヒラノ教授は、次の一〇年間にわたる研究計画を立て、三年分で一五〇〇万円の研究費を申請した。

実績がある研究者の申請は合格する。一〇〇〇万円の研究費を注入されたエンジニアは、東工大の優秀な学生諸君の援護射撃のもとで快速発進した。

研究とは〝宝探し〟そのものである。いくら掘っても、出ないときには何も出てこないが、(稀に)芋づる式に出てくることがある。

一九八八年、〝数理計画法〟という鉱脈で発掘を行っていたヒラノ教授は、かつて五年にわたって悪戦苦闘した、モンスター鯨の赤ん坊を捕獲することに成功した。ひとたび赤ん坊が陸揚げされた後は、大小さまざまな鯨が網にかかってきた。

不運と同様、幸運も次々にやってくるものである。一九八九年、ヒラノ教授は数理計画法という鉱山のすぐ隣に何かが埋まっていることに気が付いた。掘り出した石は、専門家(経済学者)の鑑定では、〝まがいもの〟だということだったが、本物だという確信があったヒラノ教授は、この宝石に「MADモデル」という名前を付けた。Mean Absolute Deviation Model(平均・絶対偏差モデル)の頭文字を連ねた名前であるが、言外には正統派のモデルとは一線を画すものである、という意味が込められている。

経済学者に酷評されたこのモデルは、ヒラノ教授が考えた通り、〝金融工学〟という大鉱脈から頭を出していた本物の宝石だった。

一九七〇年代までの金融(ファイナンス)理論は、経済学部・商学部・法学部の不可侵の領土だった。金融ビジネスに必要な数理的素養は、四則演算(足し算・引き算・掛け算・割り算)くらいだから、理工系スタッフが手がけるべき仕事は、計算機のお守りだけだった。ところが、八〇年代に入ると状況はがらりと変わった。

金融先進国アメリカでは、早々と金融自由化が実施され、デリバティブ（金融派生商品）や住宅ローン担保証券などの金融新商品がつぎつぎと出現した。このような商品の価格付けや取引には、高度な数学的・工学的手法が必要である。ブラウン運動理論、確率微分方程式、最適化手法、シミュレーション技術、データ・マイニング技術、そしてプログラミング技術、等々。

金融ビジネスは、これらの技術に堪能な数学者、物理学者、オペレーションズ・リサーチなどの〝数理工学者〟を必要としていた。折からアメリカには、宇宙予算の削減によって職を失った〝ロケット・サイエンティスト〟が溢れていた。かくして、大量のエンジニアがウォール街になだれ込み、資産運用や新商品の設計・価格付けに取り組むことになったのである。

一方、金融自由化が遅れた日本では、大蔵省が金融新商品を解禁しなかったので、金融技術に関心を持つ人は少なかった。しかし八〇年代半ばになると、アメリカの圧力で自由化が日程に上りはじめた。

〝今のうちに金融技術を磨いておかなければ、日本の金融ビジネスは丸ごとアメリカの金融機関に飲み込まれる！〟。日経新聞をはじめとするメディアのキャンペーンのおかげで、わが国でも金融技術に焦点が当たることになるのである。

ところが、この技術を担当すべき日本のエンジニアは、お金の研究には冷淡だった。冷淡という言葉は生ぬるい。工学部保守本流を名乗る土木・機械・電気・化学出身の〝ものづくりエンジニア〟は、製造業のために育てた学生を大量に拉致していく金融機関を〝憎悪〟していた。実際、バブルがピークを迎えた一九八九年、東大の機械工学科を卒業した学生の半数近くが、金融機関（銀行・証券・保険）に就職している。事情は、京大も東工大も同じだった。

工学部でも、経営工学やオペレーションズ・リサーチの専門家は、細々とながらお金の研究をやっていた。企業経営にとって、財務や会計などの知識が不可欠だからである。しかしものづくりエンジニアは、おカネの研究のような〝つまらなくて汚らわしいこと〟は、文系の人たちに任せておけばいいと考えていた（今もそう考えている人が多い）。

金融ビジネスには、工学的技術が不可欠である。このような技術を扱うことができるのは、エンジニアだけである。しかし、主流派エンジニアは金融技術を無視している。

ORや経営工学の研究者は、必要な知識を持っている。しかし彼らには、主流派エンジニアの批判を受けてまで、この分野に参入するインセンティブが無い。なぜなら彼らは、それぞれ自分の研究テーマを持っていたからである。

研究者が新規分野に参入するためには、並々ならぬ決断が必要である。現在の研究を続けていれば、これまで通り研究費がついてくるから、それなりの成果を上げることが出来る。ところがテーマを変えると、（その分野での実績が無いのだから）少なくとも一時的には研究費が出なくなるし、成果が出る保証もない。

留学時代に手に入れたネットワークにつながっていたヒラノ教授は、かつて机を並べた仲間たちが、ハーバード・MIT・スタンフォードなどの一流大学ビジネス・スクールのファイナンス教授に納まっていることを知った。

興味をそそられたヒラノ教授は、丸善の洋書売り場で、ニューヨーク大学ビジネス・スクールのファイナンス教授が書いた教科書を手にとった。そして、〝ファイナンス理論はORそのものだ。これなら自分でもやれそうだ〟と直感した。

金融工学の旗振り役

文と工の境界に位置する金融工学は、〝文でも工でもない〟ヒラノ教授によくフィットする分野だった。大学時代の指導教授である森口繁一教授が、新しい分野に参入して三カ月で専門家になったように、ヒラノ教授は六カ月間のにわか勉強で専門家になった。

金融工学の旗を振るヒラノ教授は、主流派エンジニアの批判を浴びた。

「金融工学は、一部の富める者に奉仕する強欲工学ではないのか」

「金融工学は、そもそも学問と呼べるものなのか」

「結局彼らは、金が欲しいだけではないのか」等々。

しかし、今は金融工学を批判しているエンジニアも、工学系大学の頂点に位置するＭＩＴが、金融工学研究の世界的拠点になっていることを知れば、〝日本のＭＩＴ〟を標榜する東工大が、この研究に乗り出す必要があることを理解してくれるのではなかろうか。

批判を浴びながらもヒラノ教授は、同志である白川助教授とともに、この鉱脈からいくつもの宝石を掘り出し、わが国における〝金融工学の旗手〟と呼ばれるようになった。

もし森口教授のような実力と名声があれば、より多くの人たちがヒラノ教授に続いただろう。しかし、森口教授のような名声が無いにもかかわらず、かなりの数の若者が、ヒラノ教授と白川助教授に続いてくれたのである。

ヒラノ教授は、〝数理計画法〟と〝金融工学〟という二つ鉱脈で発掘を続けた。前者は工学部で正式に認知された鉱脈だが、後者はエンジニアにとって〝禁断の〟鉱脈である。そこでヒラノ教授は、エンジニアを無用に刺激しないように、（〝なにわ金融道〟や〝サラリーマン金融〟を連想させる）〝金融工学〟ではなく、由緒正しい〝理財工学〟という看板を掲げて商売を始めた。

論文のタネは沢山あるが、学生は二〜三人しかいない。しかもこれらの学生は、経営工学科や社会工学科から預かった学生だから、本人が強く希望するのでなければ、禁断の研究に引きずり込むわけにはいかない。

ところが時代は動いていた。金融工学に対する世間のニーズが高まる中で、経営システム工学科がこの分野に本格的に進出することを決め、一般教育・統計学担当のヒラノ教授が、理財工学（金融工学）担当教授として呼ばれることになったのである。

三三歳で筑波大学の一般教育・情報処理担当助教授として採用されたヒラノ青年は、東工大の一般教育担当教授を経て、五三歳の時に専門教育担当教授になった。

才能がある学生が二倍に増えたので、これまでの二倍以上の論文が書ける。鉱脈は二つあるから、一方で宝が見つからないときには、もう一方で採掘すればいい。

研究者は、二つの研究テーマを持っているときに最も生産性が上がる。研究者は優秀な仲間と協力すると生産性が上がる。留学時代に手に入れた研究スタイルで、ヒラノ教授は毎年六編の論文を書いた。

グーグル・スカラーというサイトが登場した二〇〇四年以降、論文の数で競争する時代は終わった。しかしそれまでは、一編でも多くのレフェリー付き論文を書くことが、理工系研究者の目標だったのである。

一九八八年以後二〇年にわたって、毎年五編以上の論文を発表したヒラノ教授は、〝国際A級研究者〟の仲間入りを果たした。しかし、上には上がある。五〇〇人のA級研究者の上には、一〇〇人のAA級が、そのまた上に二〇人のAAA級研究者がいるのだ。

地震に譬えれば、A級がマグニチュード五、AA級がマグニチュード六、AAA級が七以上である（五と六、六と七の間には、放出エネルギー量にそれぞれ三〇倍の違いがある）。ちなみにAAA級とは、ノーベル賞を受賞したケネス・アロー教授や、〝二〇世紀のラグランジュ〟と呼ばれるジョージ・ダンツィク教授のような人である。

5　研究者の寿命

二回の急上昇と急降下

金融業がリスクに満ちたビジネスであるのと同じように、金融工学もリスクの多い研究分野だった。

八〇年代のバブル期にはもてはやされた金融工学は、九〇年代初めにバブルが崩壊するとたちまち梯子を外され、冬の時代に入った。ところが九〇年代半ばに、橋本内閣が金融全面自由化、世にいう「日本版金融ビッグバン」を宣言して以来、一転して真夏の時代を迎えるのである。

二〇年近く金融工学の旗振り役を務めたヒラノ教授は、二〇〇八年四月の朝日新聞夕刊一面に、〝金融工学を築いた四人のパイオニアの一人〟として、顔写真入りで取り上げられた。

ところが、その三カ月後にリーマンショックが起こると、おなじ朝日新聞の朝刊に、〝金融工学悪玉論〟と題するポール・サミュエルソンMIT名誉教授のインタビュー記事が載った。〝悪魔的・フランケンシュタイン的金融工学〟というまがまがしいキャッチフレーズに、ヒラノ教授は目を覆った。

〝かつて金融工学を持ち上げたサミュエルソン老教授が、今頃になってこのような（的外れな）ことを言うのはいかがなものか〟。

アメリカ流資本主義と成果主義の推進役を務めた、売れっ子経済学者・中谷巌教授がリーマンショックのあと、〝私は完全に間違っていた〟という懺悔本を書いて賞賛される時代だから、経済学者の変節をうんぬんしても始まらないことは承知の上で、ヒラノ教授はサミュエルソン教授に反論するため、急遽『金融工学は何をしてきたのか』（日経プレミア、二〇一〇）という本を出した。

残念ながら、それはサミュエルソン教授の耳には届かなかった（この本が出た時、サミュエルソン教授はすでに鬼籍に入っていた）。そして、リーマンショックが去ったあとも、この人が残した金融工学悪玉論は消えずに残ったのである。

半年前に顔写真が載った時にエールを送ってくれた友人は、「サミュエルソンなんか気にするな」と慰めの電話を掛けてくれた。一方、金融工学嫌いのモノづくりエンジニアは、「金融工学は〝やっぱり〟だめなんだ」と溜飲を下げた。

金融工学の研究者として、二〇年の間に二回の急上昇と急降下を経験したヒラノ教授に向かって、高校時代の先輩にあたる応用化学が専門の東工大教授は、

「二度も急上昇を経験したなんて、羨ましい話だ。おれなんか、ずっと下がる一方だったぜ」と言っていたが、これは急降下の恐ろしさを知らないから言えることである。

ヒラノ教授は二回の急降下で目を回したが、〝それでも金融工学は必要だ〟と叫び続けた。モノづくりエンジニアは、金融工学という言葉から、〝サラ金〟のようなけがらわしいビジネスを連想するようだが、悔い改めた経済学者が予言するように、資本主義が崩壊するようなことがなければ、おカネや金融の役割が無くなることはない。

日に日に姿を変える金融商品の分析や資産運用には、金融工学技術が不可欠である。またリスクだらけの社会で生き延びるためには、金融工学の分野で開発されたリスク管理技術が重要な役割を果たしている。

貿易収支が赤字になる中で、日本の将来を握っているのは資本収支である。海外に蓄積された三〇〇兆円の金融資産を効率良く運用して、貿易赤字を上回る黒字を獲得するためには、(ヒラノ教授グループが取り組んできた)「国際分散投資手法」が大きな役割を担っている。

わが国の運用収益を、イギリス並みに増やすことが出来れば、四兆円を上回るお金が余分に入ってくる。ところが残念なことに、わが国の機関投資家の運用成績が改善されたという話は

聞かない。

国際分散投資だけではない。エンジニアが提案してきた様々な運用手法は、文系のファンドマネージャーから、ことごとく無視されてきたのである。退役間近の名誉教授だけではなく、現役の研究者が束になってアピールすればいいのだが、エンジニアは外の世界に向かって発言しようとしない。

法律家が言うとおり、発言しない者は存在しないも同然である。かくしてエンジニアは、これから先も働き蜂として、下働きに甘んじることになるのである。

五〇代であれば、ヒラノ教授は一層力を込めて金融工学の旗を振っただろう。しかし、二〇年前に研究者としてのピークを通過した老人に、その力は残っていない。

空になった鉱脈

ヒラノ教授は一九八五年から一五年間、〝研究・教育・雑用マシーン〟として年に三〇〇〇時間以上働き、〝数理計画法〟と〝金融工学〟という二つの鉱脈で、発掘作業を続けた。

ところが大方の鉱脈は、五年掘り続けると空になる。ヒラノ教授はそのたびに、周辺を探索して新しい鉱脈を掘り起こした。そして六五歳を超えるころ、二〇年前に立てた研究計画は完成の域に近づいた。解けそうだと思った問題はすべて解けた。その上、当分は解けないはずだった難問も解けてしまった。
これから先も研究成果を上げ続けるためには、新しい鉱脈を見つけなければならない。しかし、仮に発見できたとしても、その分野で一流になるためには、少なくとも三年の時間が必要である。

現在六五歳の男は、三年後には六八歳になっている。定年まで三年を切った教授は、博士課程の学生を採用することが出来なくなる。二年を切ったら、修士の学生も採用できない。学生がいなければ、相撲部屋の親方は務まらない。

数理工学の分野で論文を発表する際には、計算結果を提示することが必要である。ところがヒラノ教授は、東工大の学生が一週間で仕上げるプログラムに、三週間かかる。プログラミングが苦手なヒラノ教授にとって、学生を失うことは致命傷になる。

アメリカの調査報告によれば、工学部教授は定年が六〇歳でも六五歳でも、定年三年前になると生産性が落ちるということだが、その理由の一つはこれである。

独創性、分析力、モチベーション

〝理工系研究者の独創性は二〇歳がピークで、七〇歳でゼロになる。一方、分析力は二〇歳ではゼロだが、以後単調に増大する。研究能力が最大になるのは、この両者の積が最大になる四五歳である〟という江崎玲於奈理論には説得力がある。たとえ大学者と呼ばれた人でも、七〇歳を超えてから書いた論文の多くは、古色蒼然たるものが多いからである。

しかし中には、七〇歳を超えても独創的な論文を発表する人がいる。ヒラノ教授の知り合いの中にも、八〇歳まで優れた論文を発表し続けた二人の大教授がいる。一人はカーネギー・メロン大学のエゴン・バラス教授、もう一人はハノイ数学研究所のホアン・トイ教授である。

バラス教授は、四〇年にわたって「整数計画法」という分野で指導的役割を果たした人、トイ教授は四〇年にわたって「大域的最適化」という分野を牽引した人である。この二人に共通するのは、研究者としてスタートするのが遅かったということである。

ルーマニア生まれのユダヤ人・バラス教授は、少年時代に反ナチス運動に参加して投獄された。数年後奇跡的に脱獄を果たし、第二次世界大戦後はルーマニア共産党のナンバー2として祖国再興に尽くしたが、チャウシェスクに疎まれ再び獄中生活を送った。

釈放された後はフランスに脱出し、三七歳になってから数学と経済学を本格的に勉強して、四〇代に入って次々と独創的な業績を上げた伝説的大教授である。

もう一人のトイ教授は、六〇年代初めに、大域的最適化法の出発点となる研究論文を発表したが、その直後にベトナム戦争が発生したため、ジャングルの中に隠れ、昼は農作業、夜は月明かりで数学を勉強するという苛酷な八年を過ごした。

この人が研究者として本格的活動を開始したのは四〇代半ば、西側世界に姿を現したのは、五〇代に入ってからである。

バラス、トイ両教授が、八〇歳を迎えるまで第一線で活躍したのは、どうしても解きたい問題を抱えていたことと、戦争で失った時間を取り戻そうという執念を持ち続けたからである。

多くの一流研究者を観察した結果、ヒラノ名誉教授が導いたのは、〝研究者四〇年寿命説〟である。

東大工学部三〇年に一人の秀才と謳われた森口繁一教授は、二〇代初めに研究活動を開始し、多くの分野でリーダーシップを発揮したが、六〇歳を超えるあたりで研究に対する意欲をなくしたように見える。

また、森口教授以来一六年ぶりの秀才と呼ばれた数理工学の伊理正夫教授や、伊理教授と双璧と称された統計学の竹内啓教授も、研究の第一線で活躍したのはほぼ四〇年間である。三〇代初めに研究者としてのキャリアをスタートさせたジョージ・ダンツィク教授や、その周辺の有力研究者も、六〇代半ばに入ってから研究活動がスローダウンしている。

これらの事実からヒラノ名誉教授は、〝研究者に必要なものは、独創性と分析力および研究に対するモチベーションの三つである。そしてこの三つの条件が維持されるのは、最長で四〇年間である〟という仮説を導いた。

モチベーションを維持するためには、生きているうちに絶対に解きたい問題を持っていること、負けられないライバルがいること、ノーベル賞、チューリング賞、フォン・ノイマン賞などの大きな賞を手に入れたいという野心を持つこと、などが重要な役割を果たす。独創性が残っていても、モチベーションを失うと、研究者は力を失うのである。

この理論に照らすと、独創性が枯れたうえに、研究に対するモチベーションが著しく低下したヒラノ名誉教授は、研究者としてはもはや〝終わった人〟なのである。

定年後の仕事

〝終わってしまった〟名誉教授は、これから先何をすべきか思案した。たとえ新鉱脈が見つかっても、大きな宝石を掘り出す気力も体力もない。やれるのは、空になりかけた鉱山に僅かに残っている中小宝石を拾い集めることくらいである。

しかし若い研究者から見れば、それらはジャンクである。ジャンク論文を書いて、後輩たちを当惑させるようなことはやりたくない。独創性がゼロで、研究に対するモチベーションを失った年寄りでもできる仕事は何か。答えは一つしかなかった。〝工学部の語り部〟役である。

工学部は製造業の兵站基地として、二〇世紀後半の日本を支えた。しかし、世間の人々は工学部とは何か、そこはどのような仕組みになっていて、どのような人がどのようなことを考えながら働いているのかを全く知らない。工学部は、いわば日本社会における（かつての）チベットのような存在である。

なぜそうなのかと言えば、エンジニアは自分のことを語ろうとしないし、一般の人は、エンジニアに関心がないからである。

エンジニアは黙々と働き、世界中から蜜を集めて来た。文系人は、エンジニアが運んできた蜜を腹いっぱい食べたくせに、エンジニアに感謝してはくれない。彼らは、〝エンジニアは働くことしか能がない働き蜂〟集団だと思っているのである。

確かに、エンジニアは働くことが好きである。しかし、それだけの理由で働いているわけではない。世界最強の製造業大国を築いたエンジニアたちは何を考え、どのような毎日を送ってきたか。またエンジニアの棲家である理工系大学とはどのようなところかを、誰かが後世のために語るべきではないか。

一八歳から半世紀に及ぶ時間のほとんどを、理工系大学で過ごしてきたヒラノ名誉教授には、世間の人たちに伝えたいことが山ほどある。

それでは、この仕事に必要とされる能力は何か。それは、分析力（編集力）と文章力、そして脚色力である。もちろん若干の独創力は必要である。しかしそれは、空になりかけたチューブから絞り出したデンタル・クリーム程度で足りる。

江崎玲於奈氏は、理工系研究者の独創力は二〇歳がピークで、七〇歳でゼロになると言ったついでに、二〇歳のときにはゼロだった分析力は、七〇歳を過ぎても伸び続けると言っている。文学者や哲学者が、七〇歳を過ぎても仕事を続けることができるのは、分析力が主要な役割を果たすからではなかろうか。

もう一つの文章力に関して言えば、プロの作家のような流麗な文章は書けなくても、標準的経済学者より分かりやすい文章を書くのは得意とするところだ。

これから先やるべき仕事は決まった。モチベーションを高めるためには、他人に宣言するのが一番である。そこで、かねて、

「あなたにはエンジニアの素質はないけれど、もの書きの素質はあるわね」と言っていた妻に、この計画を話した。

「これから先、世間の人たちに工学部やエンジニアを紹介する本を書こうと思うんだけど、どう思う?」

「いいんじゃない。得意の嘘八百で、みんなを楽しませてあげなさいよ」

「俺が嘘つきだって言うのかよ!」

「お母様が言っていたわよ。あなたの嘘は天下一品だって」

「あれは親の関心を引くためさ。君と結婚してからは、嘘なんかついてないぞ」

「そうかしら。随分騙されたわ。トルキスタン共和国第二書記ウンコフだとか、毛布のことをフランス語ではモーフと言うだなんて、いつもあなたには担がれどおしだったわ」

「そんなことを言ったかな。でもそれはウソではなく、エイプリル・フールのジョークだよ」

「ジョークも嘘の一種よ」

「まあいいや。昔はそういう才能もあったかもしれないけど、もう枯れちまったよ」

「そういう才能は、三〇〇〇年前のハスの種のように、いまは眠っていても水を掛けてやれば生き返るんじゃないかしら」

言われる通り、ヒラノ少年は嘘つきだった。嘘は泥棒の始まり。泥棒には左利きが多いという俗説を信じた母は、息子の手が後ろに回らないように、小学校に入る前の一カ月間、左腕を包帯でぐるぐる巻きにした。

このおかげで、右手で字が書けるようになったが、ヒラノ少年の脳みそは大混乱を起こし、嘘八百能力も大幅に劣化した（なお大混乱した脳みそは、その後もずっと混乱し続けている）。

しかし心配は無用である。事実をありのままに書く〝工学部の語り部〟には、嘘八百能力がなくても不都合はないからである。

妻に話すだけでは安心できないと思ったヒラノ教授は、何人かの友人にあてた年賀状の中で、〝これからは、これまでとまったく違ったことをやるつもりです〟と書き添えた。暫くして、

工学部勤めのくそまじめな後輩から、

「参考にさせて頂きたいので、どのようなことを研究なさるのか教えて頂けませんか」という問い合わせがあったが、

「ノーコメントです。そのうち分かるはずです」と答えた。

宣言した以上は、なるべく早く取りかかる必要があると考えたヒラノ教授は、六五歳を超えるころから研究を手抜きして〝語り部〟活動を開始した。

二人の不遇な天才

最初に書くべきことは、惜しまれながら早世した天才・白川浩教授のことである。

この人は、東工大でヒラノ教授とともに金融工学の旗を振った、一万人に一人の天才である。この天才は典型的理系人間で、数々の奇行が評価されて、〝東工大三奇人の一人〟という称号を奉られた。

ヒラノ教授の助手を務めていた頃は、毎週六日間大学に泊まり込み、一日一四時間の研究・教育に明け暮れた。朝昼ともにマクドナルドのハンバーガーとコーラ。夜はカップラーメン。昼だけでなく、深夜から早朝までゼミを開いて、学生たちをしごく。

金融工学（数理ファイナンス）という新分野に参入して、二年もしないうちに歴史に残る論文

を書き、世界的研究者からその才能に折り紙をつけられた白川教授は、順調に行っていれば、日本の金融工学を背負って立つはずだった。ところが、あまりにも過激な研究生活・食生活が祟って、持病の慢性肝炎が肝臓がんに転化し、四二歳の若さで他界した。

ヒラノ教授にとって、二〇歳年下の白川教授は息子のような、また早く父親を亡くした白川教授にとって、ヒラノ教授は父親のような存在だった。一九八九年から二〇〇一年まで、ともに苦楽を分け合った白川教授の夭折には、過酷な仕事を請け負わせたヒラノ教授にも一半の責任がある。

志半ばで病に倒れ、今もシュトルムの『白馬の騎士』の主人公のように、自らが育て、死後ほどなく廃止された金融工学の拠点「理財工学研究センター」を探して、東工大キャンパスを自転車で彷徨する不世出のエンジニア・白川浩の魂のために、鎮魂歌を書かなくてはならない。

書くべきもう一人の人物は、東大の応用物理学科で同期だった後藤公彦教授である。

物理学者になることを目指して、慶応高校から東大の理科一類に進んだこの変わり種（慶応ボーイのほとんどは、慶応以外は大学ではないと思っている！）は、学者志望の学生たちと付き合ってみて、自分は学者より企業人の方が向いていると判断し、社長の座を目指して富士製鉄に入社した。

理工系出身者は社長になれないことを知った後藤青年は文転を図り、ハーバード大学ビジネス・スクールに留学した。東京大学理科一類でベスト10に入る成績を取った男は、ハーバードでもベスト3に入る成績を収め、金融経済学の世界的権威であるジョン・リントナー教授に博士号を取るよう勧められた（リントナー教授は、生きていれば確実にノーベル賞を取ったと言われている）。

もしこの時博士号を取っていれば、スタンフォードかMITのファイナンス教授になっていただろう。しかし後藤青年はそれを断って、社長になるべく富士鉄に戻った。ところが、出自が理工系の人間は、たとえMBA（経営学修士号）を取って文転しても、〝絶対に〟社長にはなれない。このことに気付いた後藤青年は、数年後に富士鉄を退社してアメリカに渡った。

ハーバードでトップの成績を収めたMBAはたちまち頭角を現し、三〇代半ばに「リパブリック・ニューヨーク銀行」の上級副頭取になり、巨大な富を手にした。しかし、銀行を支配するユダヤ人に奉仕することに疑問を感じて、四〇代半ばにここを辞めたあと、大学時代の同期生の半数が大学教授になったことに触発され、一流大学工学部教授への転身をはかった。

苦労を重ねた末に工学博士号を取得し、念願かなって還暦直前に工学部教授のポストを手に入れたものの、（なぜか）数億円に達する蓄えのすべてを失い、六三歳の若さで病に倒れた。

これだけでも一編の小説になる。しかし、ヒラノ教授に衝撃を与えたのは、後藤青年が途中で富士鉄を辞めたのに対して、同じ年に東大経済学部を卒業して富士鉄に入り、一年遅れてハーバード・ビジネススクールに留学した三村明夫氏が、新日鉄（富士鉄の後身）の社長になったことである（二〇一三年には、東京商工会議所の会頭に就任することが決まった）。

〝鉄は国家なり〟と称された製鉄会社が、文系王国であることを承知の上で、後藤青年は富士鉄に入った。これからは、理工系の人間でも社長になれる時代が来る、と信じて。

もし後藤青年が文科一類に入っていたら、三村氏に替わって富士鉄の社長になっていた可能性は十分にある。またもし東大ではなく、高校時代の仲間とともに慶応大学に進んでいたら、一流企業の社長もしくは慶応大学工学部教授になり、東工大ヒラノ教授に替わって金融工学の旗を振り、日本OR学会の会長になっていたのではなかろうか。

ヒラノ教授は、妻の（妙な）激励を受けて原稿を書き進めた。毎朝七時前に大学に出勤して、一〇時半に講義が始まるまでに数枚の原稿を書いた。

ところが、エンジニアが書くエンジニアの物語にはマーケットがない。なぜなら、文系人はエンジニアの物語には関心がないし、エンジニアは〝専門書と趣味の本以外は買わないし読まない、タダでもらった本なら稀に読むことがある〟人種だからである。

中央大学理工学部での講義の際にこの話をしたところ、八割以上の学生がその通りだと答えている。東工大生に聞けば、九五％がそうだと答えるだろう。つまり、エンジニアが書いた本を買ってくれる人はいないのである。誰も買わない本を出してくれる出版社はない。

『工学部ヒラノ教授』の中で、〝工学部の教え　七カ条〟なるものを紹介して好評を得たヒラノ教授は、最近になってもう一つの大事な教え――第○条――があったことを思い出した。

〝索引がない本は読むな〟。これが工学部で最初に教わる重要な教えなのである。専門書の場合、索引のない本はどこに何が書いてあったか分からなくなるし、そもそものような本は手抜きが多いから、読まない方がいいということである。

一般の本には索引がない。『工学部ヒラノ教授』に索引を付けたら、一般の人は何だと思うだろう。しかし、ヒラノ名誉教授は縦書きの本を出すたびに、エンジニアの教えを思い出して、索引をつける誘惑にかられるのである。

エンジニアが、小説をはじめとする縦書きの本を読まないのは、エンジニアの教え第○条を守っているせいなのである（恐るべし、工学部の教え　八カ条）。

6 「工学部の語り部」の誕生

出版エージェント

困っていたところにひょっこり姿を現したのが、友人の紹介で二年ほど前に一度会食したことがある、リクルートOBのアイディアマン・山本稔精氏である。

「お久しぶりです。お忘れでしょうか」

「〝おかみ塾〟の山本さんですよね」

おかみ塾というのは、二〇〇三年に放映されたNHKのドラマ『わたし女将になります』の舞台になった、旅館の女将（おかみ）を育成するための学校である。

「あれは軌道に乗りましたので、友人に任せて私は手を引きました。もう還暦を過ぎましたので、これから先は好きな仕事をやろうと思いましてね」

「どんなお仕事ですか」

「出版エージェント業です」

「出版エージェント？」

「出版社と作家をつなぐビジネスです。日本ではあまり知られていませんが、アメリカではヘミングウェイのような大作家も、出版エージェントを使っています」

キッシンジャーやクリントンの回顧録を、出版社に仲介して大儲けした人がいるという話は聞いたことがあるが、ヘミングウェイのような大作家にもエージェントがついていたとは知らなかった。

「面白そうなお仕事ですね」

「そこでお願いがあります。何か面白い原稿をお持ちではないでしょうか」

〝渡りに船とはこのことだ〟。

「何でまた私に？」

「岩波から出された本を読んで、なかなか面白い文章を書く人だと思いましてね」

ヒラノ教授は九〇年代初め以来、一〇年以上にわたってアメリカのセンター・オブ・エクサレンスである「AT&Tベル研究所」を相手に、〝カーマーカー特許〟に関して争ってきた。

これは、歴史上初めて数学そのものが特許になった大事件で、朝日新聞を始めとする大新聞のすべてが、第一面に、しかも二回にわたって取り上げている。

日本の特許法では、自然法則や数学には特許は与えないものと規定している。それにもかかわらず、アメリカの圧力を受けた特許庁が、ベル研究所に勤めるナレンドラ・カーマーカー博士の「線形計画問題の新解法」に特許を与えてしまったのである（線形計画法は、ヒラノ教授のホームグラウンドである！）。

〝他人のアイディアを自由に利用することによって進歩してきた応用数学の分野で、誰もが渡らなければならない橋を独占する暴挙は、絶対に防がなくてはならない〟。これが〝線形計画法の父〟と呼ばれるダンツィク教授の考えであり、弟子であるヒラノ教授もそう考えていた。

七年に及ぶ特許庁との戦いは、大方の予想通りヒラノ教授の負けで終わった。敗れたヒラノ教授は、舞台を東京高等裁判所に移して、三年にわたってA T＆Tと特許庁を相手に戦った。しかしアメリカの意向を斟酌した裁判官は、〝訴えの利益がない〟という理由で、ヒラノ教授の訴えを退けた。

憤慨したヒラノ教授が『数学セミナー』という雑誌に、〝純粋数学特許批判〟なる文章を発表したところ、岩波新書の編集長が本にしないかと声をかけてきた。そこで大急ぎで原稿をまとめて提出したところ、〝なぜか〟ボツにされてしまった。

新書でボツにされた原稿は、二〇〇二年に、かねて懇意にしていた岩波書店の理工系部門から、『特許ビジネスはどこに行くのか』というタイトルで出版された（この本は五大新聞の書評欄に好意的に取り上げられたにもかかわらず、五〇〇〇部も売れなかった)。

「それは嬉しいですね。あの原稿は、岩波新書編集部の依頼で書いたものですが、なぜかボツにされました」

「依頼しておいてボツにするとは、けしからん話ですな。司法関係者から圧力が掛ったのかもしれませんな」

「それは大いにありうる話です」

行政(通産省＝特許庁)はアメリカの圧力に弱い。ところが、〝司法は行政よりアメリカに弱い〟とは、知的財産権問題に詳しいある弁護士の言葉である。

「私にはあちこちの出版社に知り合いがいますので、面白い原稿がありましたらお任せいただけませんか」

「それは願ってもないお話です。実は、書きかけの原稿がありますので、出来上がり次第お届けします」

「いつごろ書きあがりますか」

「早ければ一カ月後。遅くとも二カ月以内に完成させたいと思っています」

「分かりました。出版エージェントとしての最初の仕事にしたいと思いますので、よろしくお願いします」

「こちらこそよろしくお願いします」

「それでは、あとになって問題が起こらないように、私のポリシーをお伝えしておきましょう。印税の配分は、ヘミングウェイの場合と同様、五〇―五〇でいかがでしょうか」

印税というのは、定価と印刷部数に比例して支払われる報酬のことで、通常は定価の七%から一〇%の間に入る。

〝半分というのは、少し多すぎるような気がするが、出版社にコネがない人間としては、当面この人に間に立ってもらい、芽が出たところで独立すればいい。それに、これから先数年間は給料が入るから、一〇〇万円程度のお金でこのチャンスを逃すのはもったいない〟。

「それで結構です」

「ディール（取引成立）！」

一ヵ月後、白川教授の物語を完成させたヒラノ教授は、これを山本氏に送り届けた。繋いでくれた先は、新潮社のノンフィクション部門である。持ち込み原稿は門前払いと言われている大出版社が、この原稿を受け付けてくれたのは、強力エージェントの口添えのおかげである。

立花隆、養老孟司、内田樹という大物を担当する法学部出身の敏腕編集者A氏は、原稿を熟読して、さまざまな問題点を指摘してくれた。かけだし物書きは、精一杯A氏の要求にこたえた。

前々から感じていたことだが、エンジニアは法律関係者（悪徳弁護士は除く）とウマがあう生き物である。ORの専門家が日常的に行っている〝ケース・スタディー〟は、法律家が事件を分類する際に使う手法から生まれたものだし、エンジニア同様、現実に合わせて原理原則を曲げることが出来るからである。

この本は、山本氏に委託してから一年半後に、『すべて僕に任せてください　東工大モーレツ天才助教授の悲劇』（新潮社、二〇〇九）というタイトル出版された（村上春樹の歴史的ベストセラー『1Q84』（新潮社）と同じ日に発売されたこの本は、〝東工大生協書籍部〟では、年間売り上げナンバー1を達成した）。

ノンフィクションの審査

ヒラノ教授は、四〇年の間に約一五〇編の研究論文を書いた。論文を専門ジャーナルに投稿すると、二人のレフェリーが審査を行う。一流ジャーナルのレフェリーは一流の専門家だから、その審査は厳格である。

レフェリー・レポートを受け取った編集長は、それをもとに合格、条件付き合格、条件付き不合格、不合格という四段階の判定を下す。条件付き合格とは、〝改訂すれば合格〟、条件付き不合格とは、〝抜本的に書き直さなければ不合格〟という意味である。

ヒラノ教授が書く論文の八割は、条件付き合格判定を受けた。レフェリーと編集長は神様である。神様の意向に従わないとボツになるので、審査にパスするように改訂を行う。改訂原稿はそのまま合格になることもあれば、再審査に廻される場合もある（このあたりは編集長の胸先三寸である）。

審査には最低でも六ヵ月、再審査にまわされると一年以上かかる。合格してから論文が印刷されるまでに、更に一年。論文作成に必要な六ヵ月を加えると、出版までに二年くらいかかる。いかにして合格判定をかちとるか。ヒラノ教授は、四〇年の間に論文書きのノウハウを蓄えた。このおかげで、書いた論文の九割以上を掲載にこぎつけることが出来たのである。

では、ノウハウがないノンフィクションの場合はどうか。

二〇〇ページ（四〇〇字詰め原稿用紙で約三〇〇枚）分の原稿を書くためには、五〇〇時間（毎日三時間として六ヵ月）くらいの時間がかかる。原稿が出来上がっても、実績もしくは出版社にコネがなければ門前払いである。

プロ野球選手一人に対して、一〇人のセミプロ、一〇〇人のアマチュアがいるように、出版業界にも一人のプロに対して、数十人のセミプロやアマチュアがひしめいている。アマチュア作品の中にも、優れた作品があるかもしれない。しかし、忙しい編集者はそれに付き合っている余裕はない。

受け付けてもらったとして、審査結果が出るまでには、少なくても三ヵ月はかかる。判定の結果は、条件付き合格もしくは（取り付く島がない）不合格のいずれかである。

条件付き合格の場合は、編集者とのやり取りをもとに改訂作業を行う。この作業に約三ヵ月、本が出るのはその半年後である。『すべて僕に任せてください』の場合、エージェントに原稿を渡してから出版されるまで一年半ほどかかったが、これは大出版社としては早い方だろう。

感心したのは、ゲラが出た段階で校閲の専門家が、問題になりそうな表現（差別表現など）や記述の誤り（人名や日付など）を、〝微に入り細に入り〟チェックしてくれることである。

一つ例を上げよう。この本のあとがきで、少年時代に読んだ講談社の「少年・少女世界名作全集」について、第一巻『ああ無情』、第二巻『岩窟王』、第三巻『鉄仮面』と書いたところ、校閲者から第二巻は『宝島』ではないかという指摘を受けた。

原稿を書く段階で、講談社のホームページを検索したのだが、すでに絶版になっている昭和二〇年代に出版されたシリーズに関する記述を見つけることは出来なかった。そこで古い記憶を頼りに書いたところ、校閲担当者が、どこからかこのデータを見つけてきたのである（恐るべし、プロの校閲者）。

本が出る前に、著者、編集担当者、校閲担当者が繰り返しチェックしても、細かいミス（誤字・脱字など）が残ることもある。どうでもいいミス（たとえば、文章末の〝。〟が抜けているとか）

でも、校閲担当者にとっては一大事のようである。同業者やマニアックな読者が、勝ち誇ったように間違いを指摘してくるのだそうだ（ヒマな人はいるものです）。

幸運のあとには不運が待っていた。『すべて僕に任せてください』の原稿を渡したあとすぐに書き始めた、後藤教授の物語が八割方出来上がったところで、山本氏が脳梗塞を発症したため、出版エージェント業は開店休業状態になってしまったのである。

もし山本氏が健在だったら、この本もまた次の本もスムーズに出版されていたのではなかろうか。結局ある友人の口利きで出版にこぎつけることが出来たが、山本氏はライフワークに取り組むのが遅すぎたのである。

ノンフィクションの評価

研究論文を評価する際の指標は、被引用回数、すなわち同業者が書いた論文に何回引用されたかである（これは、グーグル・スカラーというサイトにアクセスするとすぐに分かる）。

ヒラノ教授の専門分野では、五〇〇回以上引用されればAA級、五〇〇回以下一〇〇回以上がA級である。一〇〇回以下二〇回以上はB級、そして一〇回以下はD級（すなわちジャンク）である。一〇〇点満点で評価すると、AA級は一〇〇点、B級は五〇点、そしてD級は一点である。

ところが一般書の評価には、プラス一〇〇点からマイナス一〇〇点までの広がりがある。同じ本を読んでも、人によって完全に評価が分かれることは珍しくないのである。

ヒラノ教授がこれまで書いた本（その多くは、専門書と教科書である）は、一冊を除いて八〇点以上の評点を貰った。ところが、『すべて僕に任せてください』の評価は、プラス一〇〇とマイナス一〇〇に割れた。

この本を書いたのは、白川教授の魂を鎮めるためである。白川教授を評価していなければ、また愛情を持っていなければ、このような本を書きはしない。ところが、養老先生には〝絶賛〟していただいたものの、白川教授やその仲間たちを中傷する内容だと思った読者もいたのである。

同じ本でも、人によって受け止め方が一八〇度異なることがある。これが、客観的事実のみを扱う理工系論文と、著者の主観が入る一般書の大きな違いである。

また論文の場合は、ジャンク論文を書いても、それが理由で次の論文が掲載拒否にあうことはない。一つ一つの論文は、（過去に書いた論文とはかかわりなく）独立したものとして扱われる。

ところが一般書は違う。出版社にとって最も重要な指標は、売り上げである。一部の玄人が高く評価しても、売れない本を出した著者は、レッドカードを貰ってしまうのである。

売れるか売れないかを判断するのは編集者である。また編集者が売れると思っても、その先に待ち受けている編集委員会がゴーサインを出さなければボツになる。A社でボツになっても、B社で出してもらえる場合もある。しかしそのためには、その会社につないでくれるエージェントが必要である。

ヒラノ教授は、研究者社会では有力なネットワークにつながっていた。研究者にとって、これはきわめて重要な資産である。そのおかげで、ヒラノ青年は実力以上の評価を受け、実力以上のポストに就いた。

理工系の専門書を出す出版社には、何人かの理工系スタッフがいる。ところが一般読者を相手にする出版社には、理工系出身者はほとんどいない（ノンフィクション部門は若干違うということだが）。エンジニアであるヒラノ教授にとって、出版業界は完全なアウェー業界である。

文系人は、エンジニアの作品には目もくれない。彼らが書いたものは、独りよがりで分かりにくいうえに、たとえ分かっても何の足しにもならないと思っている。このような人が、このような人たちに向けた本を出す出版社が、〝工学部の語り部〟が書いた本を出してくれたのは、奇跡のようなものである。奇跡が起こったのは、強力な出版エージェントと有能な編集者のおかげである。

中央大学から給料を貰っていた時代のヒラノ教授にとって、売れるかどうかより、出してもらうことのほうが大事だった。しかし、売れない本は出してもらえないということであれば、売れるような工夫、すなわち少々の〝脚色〟を施さなくてはならない。

自費出版という方法もある。しかし江藤淳教授が言うとおり、〝商業価値がない本は書いても意味がない〟。専門書と違って、一定数の読者が得られる見込みが立たない一般書は、出した瞬間に闇の中に埋もれていく運命だからである。

どこにも引き受け手がいないときには、最後の手段として自費出版せざるを得ないかもしれない。しかしこの時のヒラノ教授は、自分が書く本には一定の読者がいるはずだと考えていたのである。

論文からノンフィクションへ

工学部教授は、定年一年前になると様々な雑用から解放される。雑用をやらせて、あと片づけもせずに辞められたら、面倒なことになるからである。

大学院生はほとんど居なくなったから、研究指導の時間も減った。残る仕事は、学部学生に対する授業と卒研指導、それに閉店業務だけである。ピーク時には一年に四〇〇〇時間近く働いていたヒラノ教授は、一五〇〇時間しか働かない怠けアリになった。

怠けアリは、難病に苦しむ妻のベッドサイドで原稿書きに励んだ。そして、ひとまとまりの原稿が出来上がるたびに、読んで聞かせた。『すべて僕に任せてください』の時は、何度も繰り返し読んだ（読まされた）。

声を出して読むと、文章のつながりの悪さや、分かりにくさが良く分かる。文章を磨くためには、朗読するのが一番である。朗読したおかげで養老先生から、〝この人は文章がうまい。まだまだ書きたいことがあるとのことなので、次の作品を期待したい〟というお言葉を頂戴した。

文章をほめられたのは、これが初めてではない。良く覚えているのは以下の三回である。一回目は、息子を褒めたことがない母親から、

「お前は嘘つきだから、手が後ろにまわるんじゃないかと心配だよ。でも、嘘つきだけあって文章は上手だから、『ほら男爵の冒険』のような本でも書けばいいかもしれないねえ」と、〝胸に突き刺さるような〟ほめ方をされた時である。

二回目は中学時代に、友人の父親である大新聞記者に、学校の文集に載った作文を褒められた時である。焼き芋やのおやじとの会話をもとにして書いた、どうでもいい文章だが、文章のプロに、

「日常の些細なことから、あのようなストーリーを作れるのは大したものだ。どうだい、将来うちの新聞社に入らないか」と言われて嬉しかったことは、今も忘れられない。

三度目は、週刊誌の連載記事をもとにして、『大学教授の株ゲーム』（新潮社、一九八九）なる

本を出した際に、担当編集者から、「あなたは文章が書ける人だ」と言われた時である。文章のプロに、文章が書ける人だと言われたことは、大きな自信になった。

とは言うものの、研究と同様、文章にも上には上がある。古くは森鷗外や三島由紀夫、最近で言えば小川洋子や川上弘美の文章に比べたら、ヒラノ名誉教授の文章は、三段階も四段階も劣る。

しかしこれらの名文家は、研究の世界で言えば、ジョージ・ダンツィクやケネス・アローなどのAAA級研究者のようなものだから、比較しても始まらない。〝ここはAAA級ではなく、よどみなく分かりやすい文章を書く、A級文章家を目指すことにしよう〟。

工学部の語り部を目指すようになってから、ヒラノ教授は、これぞ自分の天職だと思うようになった。

これまでやってきた仕事が面白くなかったわけではない。経済学者に酷評されたMADモデル（平均・絶対偏差モデル）を、ダンツィク教授に褒められた時や、ノーベル賞を受賞したマーコビッツ教授から、〝君が書いた一連の論文で、かねがね私がやりたいと思っていた研究が完結した〟という手紙を貰った時には、ガッツポーズが出た。

また森口教授から、『特許ビジネスはどこに行くのか』について、〝吉川英治の『新・平家物語』のような読後感があった〟という手紙をいただいた時や、ベトナムの大数学者ホアン・トイ教授と書いた専門書について、〝ついに金字塔を打ち立てたね〟というお言葉をいただいた時には、研究者をやっていて本当によかったと思ったものだ。

また、白川浩氏をはじめとする優秀な仲間と巡り合えたのは、とても幸運なことだった。このような幸運に巡り合えたのは、勤め先が一流大学だったからである。学生と分業して研究を行う工学部教授が研究業績を上げるうえで、優秀な学生に恵まれるか否かがカギを握っている。

東大、京大などの一流大学教授は、プロ野球で言えば、二勝のハンディをもらってプレーオフ七連戦を戦うようなものである。四五歳でピークを迎えると言われているエンジニアが、四一歳から六〇歳までの一九年間を東工大で過ごしたのは、まことにラッキーなことだったのである。

7　収容所生活

介護つき有料老人ホーム

定年を迎える三年前の二〇〇七年七月、ヒラノ教授は要介護度三の妻とともに、文京区白山にオープンしたばかりの介護施設に入居した。当分の間、ヘルパーさんと協力して自宅で介護を続けるつもりだったが、妻の病状が急に悪化したため、自宅介護が難しくなったからである。なぜ本人だけでなく、夫が一緒に住み込むことになったのか。それは、夫の協力がなければ受け入れは難しい、というのが施設側の判断だったからである。

さて一口に介護施設と言っても、一億円を超える一時入居金を要求するところから、その一〇〇分の一以下で済むところまで千差万別である。月々の経費もサービス内容もさまざまである。

暫く前に、特養老人ホームを経営する友人にアドバイスを求めたとき、

「介護施設の実態は、入ってみなければわからない。できることなら自宅介護が一番だ」と言われたので心配だったが、この施設のサービスは満足すべきものだった。

当然とは言うものの、このようなサービスを受けるには、それなりの対価が必要である。入居時に払い込む一時金は、直ちに三〇％が償却され、残りの七〇％は毎月均等に償却されて五年後にゼロになる。これを含めると、月々の支払いは二人分で七〇万円に達する（五年を経過したあとは五五万円）。大学をやめたくてもやめられなかった理由の一つは、やめるとこのお金を払えなくなることである。

月七〇万円は高いと思ったが、自宅介護でもこのくらいかかることがあるという。例えば、気管切開を施した要介護度五の妻を、夫が一人で介護する場合がそれである。気管切開すると、昼も夜も二時間おきに痰の吸引をしなくてはならない。家族以外でこの処置が出来るのは看護師だけである。夜間も看護師の出張を依頼すると、自己負担額は月五〇万円では済まないのである。

一時入居金をたくさん払えば、月々の支払いは少なくて済む。一〇年以上施設で暮らすことが分かっていれば、はじめに目いっぱい一時入居金を払う方が有利である。一方一～二年で退去する場合は、入居一時金は少ない方が得である。ではいくら納めるのが最適か。

いつ退去するか分かっていれば、この計算は容易である。また正確な退去時が分かっていなくても、ヒラノ教授が専門とするオペレーションズ・リサーチ（ＯＲ）や統計手法を使えば、一時入居金をいくら支払えば、総支払額が〝平均的に見て〟最も少なくなるかを計算することが出来る。

このようなデータは、介護施設を経営する側にとって貴重な判断材料になる。しかし、平均的に見て最も有利な作戦が、一回限りの人生にとってもいいかと言えば、その保証は〝全く〟ない。

というわけで、ヒラノ教授は専門であるＯＲ手法を放棄して、自己流の〝エイヤット法〟を使って、施設が提示する五〇〇万、七五〇〇万、一〇〇〇万という三つの選択肢の真ん中をエイヤッと選ぶことにした（三年半で退去したので、結果的には五〇〇万の方が得だった）。

半・強制収容所

介護施設は、健常者にとっては〝半・強制収容所〟である。居住スペースは、ビジネス・ホテルのシングル・ルーム程度の広さで、その三割は車椅子用の巨大トイレである。したがって、部屋の中に置くことができる家具は、ベッド、小型の机、小型の冷蔵庫、そして縦長の本箱一つくらいである。

病院と違って、点灯時間や消灯時間が決まっているわけではない。建物への出入りも（暗証番号を忘れなければ）自由である。しかし、帰りが九時を過ぎるときには、予め報告しておかなくてはならない（報告せずに遅くなると、翌日事情聴取を受ける）。

入居者の大半は、〝あちら側〟に住んでいる八〇過ぎの老人である。これらの人と、

「あんたは僕の息子だったかな」

「違うと思いますよ」

「ああ電気屋さんか。早くテレビを直してよ」

「僕、電気のことはダメなんです」という珍問答を交わしていると、あちら側に引っ張り込まれそうになる。

喫煙はもちろん禁止である。アルコールは禁止されていないが、いつも忙しく走り回っている介護士さんの手前、日曜でも明るいうちは飲みにくい。

昼間は十数人の介護士が詰めているから、ナースコールを押せばすぐに誰か来てくれる。しかし、夜九時から朝七時までは、夜間シフトで二人だけになってしまう。その上、午前一時から三時までは、交代で一時間ずつ仮眠を取るので、一人の介護士が四〇人の要介護老人の面倒を見なくてはならない。

五〇〇〇万円を超える入居一時金を要求する豪華介護施設に入れば、二四時間常駐の看護師と介護士が昼並みに面倒を見てくれるが、このようなところに入ることが出来るのは、一部上

場大企業の元役員クラスだけである。

　九時にトイレを済ませておいても、朝までは持たない。夜中にナースコールを押しても、なかなか来てくれない。五分待っても来てくれないときには、〝介護士さんをサポートする〟という条件付きで入居を認めてもらったヒラノ教授が出動せざるを得なくなる。

　夜中に起きなくてはならないので、深酒は厳禁である。ただし、何も飲まずには眠れないから、七時半にグラス二杯の赤ワインを飲んだあと、八時過ぎにはベッドに入る。幸いなことに年寄りは、四時間眠れば睡眠不足にならずに済む。

『スプートニクの落とし子たち』

　白川教授の鎮魂歌を書き終えたあとヒラノ教授は、後藤教授の物語を書き始めた。章を一つ書き終えるたびに読んで聞かせると、妻は面白いと言ってくれた。しかし入居から一年を過ぎ、要介護度四の認定を受けたころから、急に言葉が聞き取りにくくなった。主治医が言葉を話せるうちは大丈夫だと言っていたことからすると、危険水域に近づいて来たということである。

　妻が生きているうちに、後藤教授の本を出してもらいたいと思ったヒラノ教授は、その後も一日五枚のペースで書き続けた。ところが、主人公が超人的努力の末に工学部教授のポストを手に入れたあたりから、筆が進まなくなった。この人の晩年には、あまりにも多くの謎があったからである。

何億円もの資産を蓄えた男が、なぜその大半を失ったのか。バブル期の投資に失敗したのか。会社の経営に失敗したのか。それとも、誰かの尻拭いをさせられたのか。

糖尿病から来る腎不全で入院した際に、なぜ高校時代の友人に身元引受けを頼まなくてはならなかったのか。通夜の席に、なぜ二人の娘が姿を現さなかったのか。これらの謎が解けなければ、物語は完結しない。

プロの作家の間では、本を書く上で最も苦労するのは、どのように最後を締めくくるかだと言われている。プロですら苦労するのだから、アマチュアならなおさらである。

デッドロックを乗り越えるべくヒラノ教授は、後藤教授の再婚相手を尋ねた。この結果、晩年の後藤教授に関する様々な情報が得られたが、夫人はかつて夫が資産を持っていたことを知らなかった。前妻に訊けば謎が解けるはずだが、葬儀にも参列しなかった人に訊きに行く気になれなかった。

そこで再婚相手から聞いた話をもとに、推理力を働かせて謎解きを行い、原稿を完成させたヒラノ教授は、出版エージェントの回復を待つ間に、高校時代に後藤教授と親しかった友人のN氏にこの原稿を送った。

一週間後、N氏から届いたメールには、以下のようなことが書いてあった。

「後藤の友人の一人として、この本を書いて下さったことを深く感謝いたします。泉下の後藤も、さぞかし喜ぶことでしょう。東大時代や富士鉄時代の後藤がどのような生活をしていたかを知って、私の中の後藤の物語も完結しました。

さて、お尋ねがあった、なぜ後藤が資産を失ったのかという件ですが、これについて私は確信を持っています。それは、貴兄の推論とは違っていますが、彼があの世に運んで行った真実を、私の口から洩らすことはできません。

とはいうものの、後藤との交友関係を考えると、貴兄にはそれを知る権利があると思います。そこで、一つヒントを差し上げましょう。K誌の最新号に載った、Y氏らの鼎談がそれです。たまたま美容院でこの雑誌を読んだ妻は、目が点になったと言っておりました。

賢明な貴兄のことですから、これを読めば真相に到達できるのではないでしょうか。真相が分かった場合、それを書くも書かないも貴兄の自由です。しかし私は、貴兄だけの胸にとどめて頂ければ嬉しいと思っています」

何軒かの書店を回ったが、K誌はすでに売り切れていた。そこで、大学受験時代以来半世紀ぶりに区立図書館に足を運んだ。そして、この鼎談を読んで、〝驚愕すべき〟真相をつかんだ。

後藤教授が資産を失った背後には、誰の想像も及ばない〝悲劇〟が隠されていたのである。妻はこの話を聞いて、後藤教授に対する考え方が大きく変わったと言っていた。もしこの事実を公開すれば、読者はヒラノ夫人同様、後藤教授の運命に驚愕し、その崇高な行いに感動するだろう。

しかし、本人はすでにこの世を去ったとはいうものの、書くわけにはいかないと判断したヒラノ教授は、二〇一〇年六月に見当外れの推理に基づく本『スプートニクの落とし子たち』(毎日新聞社)を出版することになった。

真相を明かさなかったので、N氏の信頼を失わずに済んだ。その一方で、後藤教授本人とそれほど親しくなかった友人や、見ず知らずの人たちの間では毀誉褒貶が交錯した。

〝あの時代の工学部学生の気質がよく分かる〟。

〝札幌農学校の青春群像を描いた、有島武郎の『星座』を思い出した〟。

〝富士鉄に入社した大多数のエンジニアは、討ち死にした。彼らは、後藤教授の(恵まれない)一生に自分を重ね合わせるだろう〟。

といった好意的な批評をかき消したのが、

〝後藤教授が挫折したというのは失礼ではないか〟(言い訳がましくなるが、本の帯で〝挫折〟という言葉を使ったのは、著者ではなく出版社の編集担当者である)。

〝故人とは言うものの、友人の個人情報について、これほどあからさまに書いていいのか〟。

〝なぜこのような本を出したのか。作者の意図が全く分からない〟。

〝著者のエリート意識が鼻もちならない〟。
〝同窓会誌レベルの内容だ〟。
などの批判である。ある程度予想したことだったが、厳しい批判にショックを受けたヒラノ教授は、それからあと当分は、個人に関する記述を減らして、客観的事実（に少々の脚色を施した物語）を書くことにしたのである。

『工学部ヒラノ教授』

『スプートニクの落とし子』の次に取り組んだのは、理工系大学の実態を紹介するための本『工学部ヒラノ教授』（新潮社、二〇一一）である。

筑波大学、東京工業大学、中央大学という三つの大学に勤める間に、ヒラノ教授は数々の〝事件〟に遭遇した。特に東工大で過ごした一九年は、大学大改革の時代に重なったため、大学という組織を〝表と裏〟、〝上と下〟、そして〝縦横斜め〟から見る機会に恵まれた。

教育課程を抜本的に改革するための〝大綱化〟。〝留学生一〇万人計画〟という国家的大盤振る舞い。大学の中心を学部から大学院に移行させる〝大学院重点化〟（実は大学の格付け）。それに続く国立大学の〝独立法人化〟。

大掛かりな制度改革は、大胆かつ細心に、そして一挙にやるべきところを、文部省は素人集団がリーダーシップをとる審議会を隠れ蓑として、大胆かつ無計画に、そして五月雨式に行ったのである。

どこの国にも大学改革はある。しかし、二〇年以上にわたって次から次へと改革を求められたのは、日本の国立大学だけではなかろうか。

〝改革四連発〟のおかげで、国立大学教授の雑務は二倍に増えた。しかし時間を取られた割には、成果が上がらなかった改革も多い（現役時代にこんなことを書いたら、東工大を停年退職したあと、第二の職場が見つからなかったかもしれない）。

では、なぜこのようなことになったのか。

一九八〇年代半ば、ジャーナリズムでは、〝大学レジャーランド論〟が大流行した。大学は〝学問の殿堂〟ではなく、研究・教育を放擲した教授たちと、勉強する気がない学生が溢れるレジャーランドだというのである。

バブルがはじける前の（文系）大学は、確かにレジャーランドそのものだった。例えば、東大経済学部の学生の中には、一一枚つづりの地下鉄回数券を余らせてしまう人がいたという。有効期間二カ月の間に、五日しか大学に行かないということである。あまり勉強しなかったにもかかわらず、大銀行に採用された彼らは高給をエンジョイしていた。

大学関係者であれば誰でも知っていた、文系大学のミゼラブルな実態を白日の下にさらしたのが、一九九〇年に出た筒井康隆の『文学部唯野教授』（岩波書店）である。

早稲田大学と明治大学をミックスした、早治大学の文学部を舞台とするこの物語を読んだ工学部ヒラノ教授は、文学部の実態を知って驚き呆れた。かなりの誇張が含まれているとしても、大筋はこういうことなのだ。その証拠にある文学部教授は、もっとひどい大学もあると言っていた。

〝不幸なことに〟、この本は多くの人に読まれた。そして、これが引き金になって出版された夥しい数の暴露本のおかげで、大学というところは文系・理工系を問わず、とんでも教授とバカ学生が溢れる〝レジャーランド〟だと思われるようになったのである。

理工系大学はレジャーランドではない

ヒラノ教授が勤める東京工業大学は、バブルの最中も研究活動に手抜きしなかった。国内戦だけで済む〝マルドメ〟文系大学と違って、世界を相手に戦っている理工系大学は、研究に手抜きすれば国際競争から取り残されてしまう（マルドメとは、まるでドメスティックの略語です）。

この時代、東京大学の本郷キャンパスを斜めに歩けば、理工系大学と文系大学の違いは一目瞭然だった。北側に位置する工学部棟は、夜中まで煌々と輝いていたのに対して、南側の経済学部棟は、六時過ぎには明かりが消えていた。

大学レジャーランド論に乗じて文部省は、長い間手を焼いてきた国立大学に対して、様々な攻勢をかけてきた。曰く、日本の大学は閉鎖的で国際競争力がない。曰く、大学教授は研究・教育に手抜きしている。曰く、学生たちは全く不勉強だ。曰く、大学は社会の（文部省の）要求にこたえていない、等々。筒井康隆がまき散らした汚染物質は、文系大学だけでなく理工系大学にも降り注いだ。

ナイーブな工学部ヒラノ教授は、〝工学部がきちんとやっていることは、みんな分かっているはずだ〟と思っていた。反論すべきだと思った人はいただろう。しかし、エンジニアには、そのための時間もなければ意見を発表する場もない。

（すでにあちこちに書いたとおり）九〇年代半ばに、国立大学協会のスポークスマン役を務めた東工大の木村孟学長のぼやき声は、そのような状況をよく表していた。

「新聞記者諸君に、理工系大学はレジャーランドではない、という記事も書いてほしいと頼んだところ、〝それはよく分かっていますが、そのような記事を書いても、デスクにボツにされてしまいます〟とはぐらかされてしまった」と。

新聞記者は、事実を知っていても書かない。新聞記者が書かなければ、一般国民は知らない。ヒラノ教授は切歯扼腕した。そして誰かがきちんと反論するのを待った。しかし、誰も反論してくれなかった。ところが世間では、反論しなければ事実を認めたことになってしまうのである。

『文学部唯野教授』から二〇年。遅すぎたとは言うものの、工学部という組織をくまなく見る機会に恵まれた〝工学部ヒラノ名誉教授〟がその実態を公開すれば、少しなりとも汚染物質を除去できるのではなかろうか。

現役時代には、お上の祟りを恐れる気持ちもあった。しかし、大学から強制解雇され、研究者を廃業した〝ヒラノ元ヒラ教授〟には、怖いものは何もない。

もっと多くの人が書いてくれてもよさそうなものだが、現役時代に文科省に優遇された大物教授や、退職後も学界に深いつながりがある人は、怖いものが多くて書けないらしい。〝工学部の語り部〟は、金融工学と同様、一流のエンジニアが手を出さない（もしくは手を出せない）隙間ビジネスなのである。

しかし、事実をストレートに書いただけでは、面白い本にはならない。面白くない本は売れない。売れない本は出してもらえない。

易しくて読む価値がある本

ヒラノ教授の読書歴によると、一般書は次の四つのタイプに分かれる。難解でも読む価値がある本。難解で読む価値がない本。易しくて読む価値がある本。易しくても読む価値がない本の四種類である。

難解でも読む価値がある本、たとえばドストエフスキーの一連の著作は、一部我慢しながら全巻読んだが、読んだ甲斐があった。しかし定年後に、『罪と罰』を読み直そうと思ったが、読み通すことは出来なかった。年をとると目が悪くなるので、長い本は読めないのである。

最近『カラマーゾフの兄弟』の完結編と称する、『カラマーゾフの娘』なる本が日本人の手で出版され、賛否両論を巻き起こしている。江戸川乱歩賞を取ったそうだから、ミステリーとして面白いのだろうが、これを読むにはすっかり忘れてしまった〝兄弟〟を読まなくてはならない。

ヒラノ教授にとって難解で読む価値がない本の代表は、西田幾多郎の『善の研究』である。ある時代の青年のほとんどすべてが手に取ったと言われるこの本について、経済学者の飯田経夫教授（故人）は、〝みんな分かったようなことを言っていたが、五〇年後になって、分かっていた人は一人もいなかったことが分かった〟と書いていた（ヒラノ教授は、〝難解な本は、書いた人本人も分かっていないことが多い〟という説を支持する）。

易しくて読む価値がない本は、掃いて捨てるほどある。ベストセラーの中にはこのような本が多い。これらの本を買うと損をするので、極力手を出さないようにしてきた（それでもたくさん買ってしまったが）。

目指すべきは、分かりやすくて読む価値がある本である。最近ものとしては、内田樹、佐伯啓思氏の一連の著作がこれにあたる。

トラベリング・プロフェッサー

『工学部ヒラノ教授』を書き始めて間もない二〇一〇年三月、要介護度五の妻は、恐れていた誤嚥性肺炎を起こした。気管切開を施して一命を取り留めたものの、寝たきりで言葉を話せない状態になってしまった。

気管切開した老人には、二時間おきに痰の吸引を施す必要がある（これをやらないと、たちまち窒息死してしまう）。ところが、誰にでもできる簡単な処置なのに、医師会の圧力を受けた厚労省の指示で、痰の吸引は看護師でなければやってはいけないことになっている。

ヒラノ教授が入居していた介護施設では、夜八時から朝七時まで看護師が不在になる。このため妻はこの施設を出て、一階がクリニックで二階から上が介護施設になっている、足立区東保木間の介護施設に転居することになった（東京二三区内にこのような施設はほとんどない）。

ここであれば、夜間はクリニックに常駐している看護師が痰の吸引をやってくれる。また病状が急変した時には、一階のクリニックに入院して医師の治療を受けることが出来る。かくして妻は〝幸運にも〟、三カ月ごとに病院を転々とする〝介護難民〟にはならずに済んだのである。

一方夫は、毎日、文京区白山→足立区東保木間→文京区春日→足立区東保木間→文京区白山を巡回する〝トラベリング・プロフェッサー〟になった。

朝五時に介護施設を出発して、六時四五分から九時過ぎまで妻に付き添い、一〇時半に大学に出勤する。講義・ゼミ・会議をこなしたあと、四時過ぎに研究室を出て、東保木間に向かう。五時半過ぎから一時間ほど妻を見舞って、八時過ぎに施設に戻り、ワインを飲んで九時前に寝る。

ヒラノ教授は、七月初めから一〇月末まで一日も欠かさずこの生活を続けた。しかし、七〇歳の老人がこのような生活を続ければ、いずれダウンしてしまう。そこで夜の部を省略して、講義がない日は昼まで付き添うことで埋め合わせすることにした。

突然の退場勧告

二〇一〇年一〇月はじめ、半年後に定年を迎えるヒラノ教授は、「半正定値計画法を用いた企業の信用リスク分析」と称する研究の、三年目の実施計画書を書いていた。一年目の時は、一〇〇時間以上かけて二万字に及ぶ申請書を作ったが、三年目は支給が決まっているので、一〇時間以下で済むはずだった。

定年後の教授は研究代表者にはなれないので、若手の同僚に代表者を引き受けてもらったうえで、自分は研究協力者として、支給される約二五〇万円の半額を頂戴しよう。これが三年目の計画だった。

アメリカの大学には、七〇歳を超えた現役教授が大勢いる。彼らからはしばしば、研究集会へのお誘いが掛る。〝どうしたんだ。たまには顔を見せろよ〟。

これまで五年以上断り続けてきたが、たまには行かなくてはなるまい。そのためには旅費が必要だし、行く以上は研究発表もしなくてはならない。となると、プログラム作りを頼む学生への謝礼、ソフトウェアのメンテナンス経費、消耗品の購入などに充当する一〇〇万円程度のお金が必要である。

まさに書類を書き終えようとしていたその時、事務局から電話が掛ってきた。定年退職した教授は、研究代表者になれないだけでなく、研究費の支給そのものが取り消されることになったというのである。申請した時点では、このようなルールはなかった。ところが文科省から突如通達がきたというのである。

文科省は、独創性がゼロの七〇歳超老人に、国民の税金から研究費を支給する必要はないと判断したのである。江崎玲於奈博士に言わせれば、この〝退場勧告〟には十分な根拠がある。

しかし、定年退職とともにすべて（研究スペース、学生、事務サポート、そして研究費）を召し上げられることになったヒラノ教授は、文科省の〝毎度ながらの〟突然の変更に大ショックを受けた。

この後ヒラノ教授は何度か、科研費に応募して落選する夢を見た。〝また落ちたか。この一年をどうやって暮らそうか〟。滅多に夢など見ない老人が繰り返し見たということは、退場勧告ショックがいかに大きかったかを物語っている。

8　大震災と妻の死

「二〇一一・三・一一」

かねて妻は自分が死んだあとも、夫が介護施設に住み続けることを望んでいた。古希を過ぎた老人の一人暮らしは、問題が多いと言うのである。ヒラノ教授には妻の気持ちがよく分かった。しかしその一方で、介護施設暮らしにはいくつもの問題があった。

大学を辞めて年金生活に入ったあと、月々七〇万以上の経費を払い続けることはできるか。二～三年であれば何とかなるとしても、五年したら間違いなく破産である。一人分だけとしても、毎月三〇万の支払いは厳しい。看護師や介護スタッフがいるから、いざというときは安心でも、その分だけ自由がない。もの書き作業に必要な、情報機器や資料を置く場所もない。

妻を見舞ったあと、自宅でもの書きをするという手もある。しかし、ただ眠るだけの目的で介護施設に住むより、自宅に住む方がおカネもかからないし時間も無駄にならない。

あれこれ考えた末ヒラノ教授は、妻には内緒で、定年一か月前の三月初めに自宅に戻った。この当たり前すぎる結論に達するまで半年以上悩んだのは、妻のアドバイス（いわば遺言）を重く受け止めたからである。

視力が衰えたために、一年ほど前からカレンダーの数字が読めなくなった妻は、その日の年月日と曜日を教えてくれるよう夫に頼んだ。そこで夫は、毎朝日付と曜日、そしてクリスマスやお正月、誕生日など特別な日には、欠かさずそのことを伝え続けた。

ところが、定年が近づいてくるにしたがって、日付けを教えることをためらうようになった。かねて、夫が定年を迎えるまでは生きていたいと言っていた妻は、その目的を果たしたあと、気が抜けて逝ってしまうのではないかと思ったからである。しかし、約束したことは守らなくてはならない。

三月一一日の午後、ヒラノ教授は築三〇年の建物の一〇階にあるオフィスで最後の片づけをやっていた。一度目の停年の際に大量の不良資産を廃棄したが、一〇年の間にまたまた資産が増えた。移転先は六八平米のマンションだから、運び込む荷物を厳選しなくてはならない。

ここに襲ってきたのがあの大地震である。かつて自宅のそばにある「隅田防災館」で体験した震度六より大きな揺れに、ヒラノ教授はとうとう東海大地震が起こったのだと考えた。

中学に入るまで静岡市に住んでいたヒラノ教授は、子供のころから東海大地震を恐れていた。

久能山から日本平に出る遠足に行った時、幅二〇メートルほどの谷が、昔の大地震の時に山が二つに割れてできたものだと教わったからである。

切り立った絶壁沿いに作られた坂道を登りながら（当時は、ケーブルカーという気がきいた乗り物はなかった）、ヒラノ少年は今ここで大地震が襲ってきたらどうなるか、気が気ではなかった。

今日この日に地震が来ることはないだろうと思いながら、崖を登った六〇年前の記憶は、今も脳裏に刻みついている。

静岡市の西のはずれにある「大崩海岸」の風景も不気味だった。海岸に突きだした崖から転げ落ちた岩が、ゴロゴロ転がっているのである。恐らくこれも、大地震の置き土産だろう。

一九六〇年代になると、〝東海大地震はいつ来てもおかしくない〟と言われるようになった。そして一〇年ほど前から、その時のシミュレーション結果が、テレビで放映されるようになった。〝駿河湾に高さ一二メートルの大津波！〟。

静岡駅から六キロほどのところにある大浜海岸には、毎年のように遠足に行った。あの時津波が来ていたら、海に流されてシーラの餌食になっていただろう（昭和二〇年の静岡大空襲で死んだ人たちは駿河湾に捨てられ、魚の餌になったということだ）。

六〇年代に原子力発電の勉強をした時ヒラノ青年は、メルトダウンは決して起こらないという〝神話〟をたたき込まれた。一九七九年のスリーマイル・アイランド事故や、一九八六年のチェルノブイリ事故の時も、日本の原発は決して事故を起こさない、なぜならば日本の原子力エンジニアは、世界で最も優秀なエンジニアの中の最も優秀な人だから、と信じていたのである。

メルトダウンが起こった今となっては、その傲慢さを恥じ入るばかりである。そして、今更ながら自分は運がよかったと思ったのである。

東日本大震災は、東海大地震でもおかしくなかった。もし東海大地震が起こっていたら、震度七の揺れと三〇メートルの津波で、御前崎の浜岡原発がやられていたかもしれない。メルトダウンが起こって、大量の放射能が放出されていたら、静岡だけでなく東京もゴーストタウンになっていた可能性もある。

東海大地震の震源地付近に原発を作ったのは、神を恐れぬ所業である。大震災のあと、東工大出身の菅直人首相は醜態をさらしたが、浜岡原発停止を決断したことを、この人の数少ない功績だと評価する人は少なくない。

東海大地震はいつ起こっても不思議はなかった。もし七〇年代に起こっていたら、その後の日本は、五〇年代の日本に戻っていただろう。世界最強の製造業王国も、バブルもバブル崩壊もなかったわけだ。失われた二〇年ではなく、失われた半世紀が待っていたかもしれない。

東日本大震災の後、東南海大地震、東海大地震、東京直下地震、富士山爆発と山体崩壊など、次々と恐るべき予言がジャーナリズムを賑わしている。このような予言は前々からあった。しかし三・一一大震災が起こるまで、われわれはこれを深刻に受け止めることなく生きてきた。一九四〇年に生まれたヒラノ教授世代は、まことに幸運な七〇年を生きたのである。

原発事故と工学部の教え

大震災が起こったあと、ヒラノ教授の執筆意欲は大幅に減退した。エンジニアとしてのプライドが、原発事故によってズタズタに切り裂かれたためである。

ヒラノ青年は、修士課程を出た後三年ほど、（東京電力を筆頭とする九電力会社がスポンサーになっている）「電力中央研究所」で原子力発電の研究に携わった。

当時の原子力は、工学部の花形領域だった。このころ付き合った原子力研究者は、とても優秀だった。〝あれだけ優秀な人たちが命をかけているのだから、日本の原子力発電所が事故を起こすことはないはずだ〟。原子力から足を洗って、数理計画法・金融工学に転進したあとも、ヒラノ教授こう信じていたのである。

〝工学部の教え・七カ条〟の中で、エンジニアの心構えとして、

第二条　一流の専門家になって、仲間たちの信頼を勝ち取るべく努力すること

に続いて、

第三条　専門以外のことには、軽々に口出ししないこと

を掲げた。

〝専門家は、専門家に対して誠実でありさえすればいい。またどの技術分野でも、専門家たるものは自らの専門のために身を賭しているはずだから、専門以外の人は軽々しく口出しすることを慎むべきである〟。これが、エンジニアが守るべきルールだという意味である。

ヒラノ教授は、この教えにしたがってエンジニア生活を送ってきたおかげで、仲間たちの間で一定の評価を得ることが出来た。

ところが原発事故が起こったのは、技術者たちが自分の専門分野に閉じこもり、他の分野の専門家、すなわち〝原子力村の住民〟になったエンジニアの手抜きを見逃した結果である。

優秀だった原子力研究者たちが、仲間内の評価に汲々としてより大事な問題から目をそむけたこと、また原子力以外の技術者が、なんとなく危ないものを感じていたにもかかわらず、それを声に出さなかったのは、〝工学部の教え〟にも責任があるのではないか。

新聞・テレビには、経済産業省・東京電力など、原子力村の住民を罵倒する言葉が溢れた。最大の責任を負うべきは、もちろん彼らである。しかし、責任の一半は、すべてのエンジニアが負わなくてはならない。

わが国は、九〇年代以降〝失われた二〇年〟を体験した。かつての経済大国は、今や見る影もない。政府は様々な〝成長戦略〟を打ち出しているが、そこで前提されているのは新技術でありそれに基づく新産業である。誰がそれを担うのかと言えば、〝打ち出の小槌〟扱いのエンジニア集団である。

〝働き者の皆さん、これからも頑張ってくださいね〟。ところが、世界最強を誇ったエンジニアは、その実績に見合う処遇を受けることなく、すでに現役を退いた。また企業を解雇された熟年エンジニアの多くは、働く場所を求めて韓国や中国に渡った。

日本の製造業が、新興国の追い上げで苦しんでいる理由の一つは、日本という国がエンジニアを冷遇したことである（とヒラノ名誉教授は思っている）。

エンジニアは割に合わない職業だと感じた若者たちは、工学部に集まらなくなった。かつて、〝（英語や歴史が好きでも）数学が嫌いでなければ理工系〟と言われた時代があったのに対して、九〇年代に入ると、〝（数学が出来ても）英語が出来れば文系〟と言われるようになってしまった（この件については、『理工系離れが経済力を奪う』（日経プレミア、二〇一〇）の中で縷々書いた）。

世界最強エンジニアが去ったあと、誰が新技術を担うのか。ヒラノ名誉教授は、若者たちを蝕んだ〝ゆとり教育〟が廃止されたあとの、〝まともな〟教育制度のもとで育った人たちが社会の第一線で活躍する十数年後には、新たな成長軌道が見えてくるのではないかと考えていた。

しかし原発事故は、原子力技術者だけでなく、すべての技術者に大きなダメージを与えた。技術者が自信を失えば、新技術も成長戦略も絵に描いた餅で終わるだろう。そうならないためにも、われわれ退役エンジニアが、現役エンジニアを応援しなくてはならない。

この点から言っても、社会から無視され続けてきたエンジニアについて、これまで以上に語る必要があるのではなかろうか。〝工学部の語り部〟は、こう考えて今日もまたパソコンの前に座るのである。

「二〇一一・四・三」

三月三〇日の朝ヒラノ教授は、あす定年を迎えること、そして定年後も介護施設に住み続け、自宅を仕事場にすることを妻に告げた。

この日の夕方、ヒラノ教授は東工大時代の同僚であるN教授と一杯やった。一回り若いこの法学者は、今や学長補佐を務める東大の〝遣り手〟教授である。

「二人で飲むのは、いつ以来でしょうか」

『すべて僕に任せてください』が出た時以来ですから、そろそろ二年になりますね」

「その後、奥さまの病状はいかがですか」

「一年前に誤嚥性肺炎に罹って、気管切開を受けました。そのあと、文京区の施設を追い出されたので、今は足立区東保木間にある介護施設で暮らしています」

こんな会話をしているところに、携帯が鳴った。掛けてきたのは、介護施設の看護師だった。

「奥様の具合がよくありませんので、これからおいでいただけませんか」

「どのくらい悪いのでしょうか」

「原因は分かりませんが、首の回りが腫れて九度五分の熱があります」

「分かりました。今すぐ行きます」

八時過ぎに病院に着くと、主治医が妻に付き添っていた。

「どんな具合でしょうか」

「首から胸にかけて膿がたまっています。手術をして膿を抜くという手もありますが、奥さまはかなり衰弱していますので、手術はせずに抗生物質で菌を叩くのがよろしいと思います。精一杯やってみますが、今回は厳しいかもしれません」

その晩は一二時まで付き添ったあと、施設の宿泊所に泊めてもらった。翌朝は、抗生物質のおかげで熱は三七度台に下がり、首も心持ち細くなっていた。意識も回復していたので、嬉し

くなったヒラノ教授はよく考えもせずに、

「今日は三月三一日、定年退職の日だよ」と口走ってしまった。

昼過ぎに介護施設を出て自宅に戻り、大学から運び込んだ段ボールの片付けをやった。翌四月一日の朝は、抗生物質が効いたせいか熱は三六度台に下がり、首回りの腫れも元の状態に戻った。

「よく頑張ったね。今日は四月一日の金曜日。でも僕にとっては、今日から毎日が日曜日だ。昨日は午後中かけて荷物の片づけをやったので、半分以上終わったよ。今日の午後は、君に笑われない程度まできれいにするつもりだ」

言葉を話せない妻は、瞼を動かして「分かった」答えてくれた。

四月三日の朝、夫はすっかり症状が回復した妻に話しかけた。

「おはよう。今日は二〇一一年四月三日の日曜日です。今日から結婚生活四九年目に入りましたよ」

妻は少し瞼を動かして、「分かった」答えてくれた。姿を現した看護師は、熱も炎症インデックスも正常に戻ったから、明日には退院できるだろうと言った。〝金婚式は無理だとしても、もうしばらくは生きていてくれるだろう〟。

電話が鳴ったのは、自宅に戻った直後である。

「奥様の呼吸が止まりそうなので、すぐに来ていただけませんか」

「さっきまで元気だったのに！　いますぐに出ます。一時間少々で着けると思いますので、どうかよろしくお願いします」

四時過ぎに病院に着くと、一人の看護師が心臓マッサージを施し、もう一人がラッパのような器具で肺の中に酸素を送り込んでいた。間もなくやってきた主治医は尋ねた。

「三時ころ急に呼吸が止まりました。人工呼吸器をつければ、まだ生きられると思いますが、どうなさいますか」

ヒラノ名誉教授の気持ちは決まっていた。〝延命措置はやらない。そもそも気管切開をやったのが間違いだったのだ。呼吸が止まったのは、呼吸中枢が冒されたからだ。定年までは生きていたいと言っていた妻は、生命の最後の一滴まで使って約束を果たしてくれたのだ。このあと植物状態になって生き続けるより、ここで逝かせてやる方がいい〟。

「以前に申し上げましたとおり、これ以上の延命措置はなさらないでください」

「分かりました。脳波計をご覧になれば分かりますが、奥様は既に脳死状態です」

医師はこう言ったあと、看護師に心臓マッサージと酸素補給を中止するよう指示を出した。心臓が停止したのはその数分後である。

妻が死んだ時には取り乱すのではないかと心配していたが、不思議なほど平静だった。

〝ぎりぎりまで頑張ってくれたのだから、諦めるしかない。人間は遅かれ早かれ死ぬ。どちらかが先に逝く以上、自分が先でなくてよかった。それよりなにより、妻はもう苦しまなくて済むのだ〟。

次の引っ越し先はお墓

翌朝、三年半ぶりに自宅に戻った妻を布団の上に寝かせ、簡易仏壇を組み立ててお線香を上げたあと、葬儀社との打ち合わせが始まった。東京都が、大震災で亡くなった何千人もの人の火葬を引き受けたため、葬儀場はどこも大混雑していた（震災直後だったら、何日も待たされただろう）。

あちこちあたって見つかったのは、山手線の向こう側にある葬儀場だった。場所と日時が決まったあとは、どの程度〝豪華な〟葬儀をやるかに関する打ち合わせである。

結婚当時の妻は言っていた。

「私が死んでも、お葬式はしなくてもいいわ。お墓もいらない。骨は海に撒いてね。死んだあと、自分の痕跡はすべて消してしまいたいの」と。

この言葉にショックを受けたヒラノ青年は、その後この件については一切触れないようにしてきた。だから、

「退職金が出たので、何か買ってあげようか」という問いかけに対して、「そうね。お墓が欲しいわ」と答えた時、忘れていた四〇年前の言葉を思い出して、びっくりしたのである。

妻は物欲のない女だが、住むところにはこだわった。その妻が、死後の棲家であるお墓が欲しいと言ったからには、買わないわけにはいかない。お墓を買う以上、〝お葬式はしなくてもいい〟という言葉も取り消しだ。しかし、見栄を張ることには無縁の妻が、キンキラキンの葬式をやってもらいたいと思うはずはない。

そうは言っても、あまりにもみすぼらしい葬儀では可哀そうだし、子供たちの顔をつぶしたら申し訳ない。選んだのは、中の上の葬儀だった。もし現役教授だったら、学生や同僚がぞろぞろやってくるから、キンキラキン葬儀をやらざるを得なかっただろう。

自分のお城で一夜を過ごした妻は、翌朝一〇時に江古田斎場に運ばれて行った。「次の引っ越し先はお墓ね」と、珍しくジョークを言っていた妻は、遠回りはしたものの希望どおり、自宅からお墓に引っ越しすることが出来たのである。

告別式の日は、暑くも寒くもない絶好のお花見日よりだった。長ったらしいお経と、それに続く不愉快なお説教が終わったあと、妻を乗せた車は火葬場に向かった。

鬱になりかけた老人

妻の死後、やらなくてはならないことが沢山あった。お寺との交渉、死亡届の提出、介護施設の退去手続き、年金事務所と保険会社への連絡、香典返し、位牌や仏壇の注文、友人への連絡など。

こまごました仕事が終わって、緊張がほどけた五月初めのある朝、いつも通り早朝ウォーキングに出たヒラノ名誉教授は、完成真近なスカイツリーを見上げた瞬間、激しいめまいを覚えた。道路の端を歩いて自宅にたどり着いたが、その後目の前に霞がかかったような症状が出た。

筑波大学から東工大に移ったときにも、同じようなことがあった。年間三〇〇〇時間以上働いていた〝教育・雑務マシーン〟が、週三コマの講義以外にはやることがない無重力空間に放り出されたため、心身症に罹ったのである。

この時は、目の前に霧が掛った状態が一年以上続いた。これが治ったのは、仕事が増えて、研究・教育・雑務マシーンに戻った二年後だった。

定年退職して、〝研究・教育・雑務〟の三点セットから解放されたあと、ヒラノ名誉教授には、妻の介護という大事な仕事が残されるはずだった。毎朝四時に起きて六時半に妻の枕元を訪れ、昼まで看病したあと午後は〝もの書き〟をやる。これが定年後の計画だった。

ところが、三点セットだけでなく、四つ目の介護までなくなってしまったのである。あくせく働いてきたエンジニアは、全くやることがなくなって、再び心身症にかかったのである。年をとってから妻を失った老人は、鬱病に罹りやすいと言う。江藤淳氏は、夫人の死後暫くして脳梗塞に罹ってから鬱になり、手首の動脈を切って自殺したし、中大の同僚であるK教授は、妻を失ってから鬱になり、講義もままならなくなってしまった。

気象予報士の倉島厚氏や評論家の田原総一郎氏は、ショックから立ち直るまでに数年かかったということだし、一年前に七つ年下の奥さんを肺がんで失った友人は、葬儀の後〝おねしょ〟を洩らしたと言っていた。老人が連れ合いを失ったショックは、それほど大きいのである。妻を失った老人は、三年以内に六割が死ぬという統計データがあるということだ。

妻は、いつ死んでもおかしくない状態で、一年以上生きてくれた。夫はその間に心の準備が出来ていると思っていた。そして死んだ直後は、〝命の最後の一滴まで使い尽くしたのだから仕方がない。妻を残して自分が先に逝かなくてよかった〟と思っていた。

しかし葬儀が終わったあと、次々と後悔の大波が襲ってきた。〝ああしてやればよかった。あんなことをしなければよかった……〟。こんなことばかり考えていると、鬱になるのではないか。それを避けるには、もの書きをやるしかなかった。

ところが、それまでは毎日四～五枚は書けたのに、妻が死んでからあと一枚も書けなくなった。ヒラノ老人の脳に設置されたレジスターのすべてが、妻の記憶によって占拠され、〝煮詰まって〟しまったからである。

煮詰まった状態が続くと、精神に異常をきたす。たとえば晩年の川端康成は、一枚も書けなくなって間もなく、ガス自殺を遂げている。

アメリカの心理学者ジョージ・ミラーが提唱した、〝魔法の数七の法則〟によれば、人間が短期的に記憶できるデータの個数は、七プラスマイナス二だという。これをヒントにして作られたのが、ヒラノの〝煮詰まり理論〟である。

〝人間の脳には、七プラスマイナス二個のレジスターがある。新しい情報が飛び込んで来た時、人間は空いているレジスターにそれを格納したうえで、脳の中から取り出したデータと照合して必要な処理を行う。七つのレジスターがすべて埋まっていると、新しい情報が入って来ても、それを処理することが出来ない。これが、いわゆる煮詰まった状態である〟。

この理論を思いついたのは、三〇代半ばにアメリカ中西部のウィスコンシン大学に勤めていた時である。博士号を取って二年目、新進気鋭の研究者として注目されたヒラノ青年は、ある難問に取り組んでいた。この問題が解ければ、一挙にスターの地位を手に入れることが出来るはずだった。

ヒラノ青年は丸二年この問題に取り組んだ。ところがこれは、「NP困難問題」と呼ばれる難問の一つだった。解けたと思って狂喜したあと、間違いだと分かって絶望する。このようなことが何十回も繰り返された。

この問題を暫く横にどけて、別のテーマに取り組もうと思っても、頭の中を占拠しているモンスターが、新しい問題を追い払ってしまった。この状態から脱け出したのは、もう一つの難問が発生してからである。

煮詰まった状態から抜け出すためには、より大きな問題にモンスターを追い払って貰えばいいのだ。ではより大きな問題とは何か。それは、妻の記憶をパソコン上に吐き出して、空きレジスターを作る仕事である。

こう考えて書き始めたのが、妻の闘病と夫の介護の物語である。

9 『終わりのない物語』

妻と暮らした四九年

三歳になる前に父親をフィリピン戦線で失った妻は、ヒラノ少年を上回るミゼラブルな少女時代を過ごした。母親が勤めに出る中、病弱な少女は一人布団の中で過ごすことが多かったという。誰からも何も期待されなかった少女は、我慢強く思慮深く、自分にも他人にも何も期待しない娘に育った。

夫と妻は、考え方も性格も全く違っていた。寡黙で決断力がある妻と、饒舌で優柔不断な夫。一人で読書やパズルをやるのが好きな妻と、友人とワイワイやるのが好きな夫。上昇志向が無い妻と競争心旺盛な夫。二人は地球にたとえれば南極と赤道くらいの違いがあった。これほど違う二人が一緒になったのは、〝強権的な母親から独立したい〟という一点で連帯を組んだからである。

ヒラノ青年は妻の中に、母親にはない優しさと思慮深さを見た。妻はヒラノ青年の中に、自分には欠けている〝生命力（生活力）〟を見た（らしい）。

妻は夫にあれこれ細かいことを言わなかった。求めたことは、〝赤信号は渡らないで。あまりたくさん飲まないで。あまり無理をしないで〟の三つだけだった。夫が事故や病気で死んでしまうと、（子供時代の）貧乏生活が戻ってくることを恐れていたのだ。

母親からあれこれ要求され続けたヒラノ青年は、要求が少ない妻に感謝していた。ところが夫は、何も要求しない妻が何を考えているのか何も知らなかったのである。

結婚当初、「いつ死んでもいいのよ」という恐ろしい言葉を発して、夫を震え上がらせた妻は、子供が生まれてから人が変わった。お人形さん一つ買ってもらえない少女時代を送った妻は、本物の赤ちゃんを手に入れて、子育てこそ自分の天職であることに気付いた。いつ死んでもよかったはずの娘は、子育てに全力投球する母親に生まれ変わったのである。

それから三〇年余り、辛いことも悲しいこともあっただろう。しかし、三人の子供に恵まれた妻は、難病を発症する五〇代半ばまでは、ひとまず幸せだったのではなかろうか。

難病に罹っていることが分かった時には落ち込んでいたが、取り乱すことはなかった。慰める姉に対して、「病気になったのだから仕方がないのよ」と泰然としていたということだ。母親が五〇歳を迎えて間もなく、同じ病気で亡くなったのを見ていた妻は、いずれこの日が来ることを予期していたのではなかろうか。

病気が進行してからも、妻は一言も愚痴をもらさなかった。夫も妻にありきたりな慰めの言葉を掛けなかった。薄情な夫だと思う人もいるだろう。しかし、やがてやってくる死を、従容として受け入れることを決意した人に、陳腐な言葉をかけても喜ばないだろう。

その一方で、夫は妻に最大限の〝実用的〟サービスを提供した。ピーク時には、月に一六回に及ぶ病院通いに付き添ったし、介護施設に入居するまで七年以上朝夕の食事を作った。また車の乗り降りができる間は、週末にお気に入りの別荘に連れて行った。

妻は一歳になるまでに、肺炎で三回死にかけた。二七歳の時には、米国に留学した夫のもとに向かう飛行機がサンフランシスコ湾に墜落したため、二人の子供とともに死ぬところだった。新聞は、助かったのは一〇〇万分の一の奇跡だと書いていた。

五〇代に入ってからは、心室瀕拍の発作で二回も死にかけた。そして、亡くなる一年前に誤嚥性肺炎に罹った時も、危うく死ぬところだった。

妻は、ずっと前に死んでいてもおかしくなかった。七回の危機を乗り切って古希を迎えるまで生き続けた妻は、自分の強運に感謝していただろうか。それとも、第一の難病（心室瀕拍）で死んでいた方がよかったと思っていただろうか。今となっては知る由もないが、夫は妻が（少なくとも自宅に住んでいる間は）幸せな生活を送ったと考えるよう努めた。

妻の記憶を書き出したことで、少しずつ霧が晴れていった。またショーペンハウエルの「死者と生者の違いは、実用の役に立つかどうかだけである。死者に会いたいと思えばいつでも会える。夢の中で」という言葉も、大きな慰めになった。

残念ながらこれまでのところ、夢の中で妻に出会う機会はほとんどない。しかし、お花を飾った遺影に向き合って言葉をかければ、生きているときと大きな違いはない。

妻は死んだ。そしてお墓の中に入ってしまった。しかしそれは、本籍地が渋谷区から墨田区に替わっただけで、妻は今も大好きだった自分の家で、夫とともに暮らしているのだ。

毎週二回お墓参りをしていることを知った友人が、〝あまり頻繁に行くと、おいで、おいでされちゃうから、気をつけた方がいいよ〟と忠告してくれた。妻は今もお気に入りの自宅に住んでいるのだから、週に二回行っても仕方がないとは思っても、どうしても足がそちらに向いてしまうのである。

〝家から三分のところでバスに乗れば、一〇分もせずにお寺の前に着く。シルバーパスを使えばタダで行けるから、五〇〇円のお花代は実質的には一〇〇円に過ぎない。こんなに近いところにお墓があるのに、週に一回しか行かないのでは勿体ない〟。

二つの仕事

妻が本籍地を変えてから、既に二年あまりが過ぎた。この分であれば、あっという間に三年が経ち、四年が経ちそのうちお迎えがくる。義姉は、「その考えは甘いわよ。これから先が大変なんですよ」と言っているが、果たしてそうだろうか。

確かに夫は長い間、精神面でも実用面でも妻を頼りにして暮らしてきた。しかし難病を発症してからは、実用面で依存することは出来なくなった。

掃除は嫌いだ。ゴミ出しも大嫌いだ。マンションの理事会に出ることなど、まっぴらごめんだ。しかしいやなことでも、やっているうちに慣れてしまった。誰かが言っていたとおり、〝いやなことには慣れればいい。慣れてしまえば、何でも平気でやれるようになる〟のである。

『終わりのない物語』の原稿五〇〇枚を書き終えた頃には、目の前の霧は晴れていた。

このあとヒラノ名誉教授は、間髪を入れずに『ヒラノ教授の事件ファイル』(新潮社、二〇一二)の執筆と、半年前に書きあげた『ヒラノ教授と四人の秘書たち』(技術評論社、二〇一二)の改訂に取り掛かった。何もやらずに時間を過ごしていると、再び頭の中に霧がかかることが心配だったからである。

現役時代の経験によれば、研究者は二つのテーマを持っている時に、最も生産性が上がる。一つ目の問題でデッドロックに乗り上げた時は、二つ目に乗り換える。二つ目の問題に取り組んでいるうちに、一つ目の問題に対する解決の糸口が見えてくる。

もの書きの場合も同じである。原稿Aでデッドロックに乗り上げた時には、もう一つの原稿Bに乗り換える。暫くBで時間稼ぎをしたあとAに戻ると、不思議なことにまた書けるようになる。こうすることによって、煮詰まって鬱になるのを防ぐことができるのである。

作家の皆さんは、それぞれ〝煮詰まり防止戦略〟をお持ちだろう。たとえば阿川佐和子女史は、父・阿川弘之氏が文章を書いている姿を見て、その秘密を学んだと言っている。研究のノウハウを三人の師から盗みとったヒラノ老人は、アガワ女史の言葉に深く納得した。

『事件ファイル』の執筆は、順調に進んだ。一二時間パソコンに向かっていた日もある。しかし、座ってばかりいると心臓疾患や糖尿病になるとか、エコノミー症候群に罹るという説がある。また視力に問題がある老人は、八時間までに制限した方が安全だろう。

余った時間の使い方

現役時代のヒラノ教授は、定年後の余った時間は、映画と小説とマンガで過ごそうと思っていた。ところが映画は〇、小説は×、マンガは△だった。

解像度が高い大画面で『サウンド・オブ・ミュージック』や『バック・トゥ・ザ・フューチャー』を見ていると、ヒラノ教授の少年時代に、自宅で映画を見ていたハワード・ヒューズが味わった以上の満足感を覚える。

ケーブルテレビに加入したおかげで、その気になれば、中学時代のように映画三昧の生活を楽しむことができる。映画という資産の蓄積は、半世紀の間に一〇倍以上に増えたから、毎日〝三本立て〟で見ても、すべてを見尽くすことはできない。

しかし中学生と違って、人生経験を積んだ老人にとっては、どのような映画でも面白いわけではない。はっきり言えば、つまらない映画の方が多い。つまらない映画を見るくらいなら、部屋の片づけをやった方がいい。

ところが、有難いことに最近は、パソコンに映画のタイトルを打ち込むと、たちどころに監督・出演俳優の名前はもとより、その評判まで分かる。ジェームス・スロウィッキーの『「みんなの意見」は案外正しい』(角川文庫)にもあるとおり、学生の授業評価と同様、素人集団であっても大勢の評価は案外正しいのである。

評判がいい映画が始まるときは、中学時代のように胸が躍る。また、五〇年前に観た映画を今になって観ると、記憶というものがいかに当てにならないか、そして少年と老人がいかに違う生き物かを思い知らされる。

現役時代に短縮版をテレビで観た『アラビアのロレンス』のノーカット版を、大型画面でじっくり観ると、アラビアから凱旋したロレンス(ピーター・オトゥール)がなぜ生きる力をなくしたのかよく分かる。

少年のころはかっこいいと思った、『カサブランカ』のリック（ハンフリー・ボガート）は、〝つまらない奴〟だと感じる。カッコよく別れたあと、イルザ（イングリッド・バーグマン）がどのような後半生を送ったかと思うと、ヒラノ老人は身もだえしてしまうのである。

『昼下がりの情事』で、初老のプレイボーイ（ゲーリー・クーパー）が、二〇歳のアリアーヌ（オードリー・ヘップバーン）を走る列車の中に抱え上げた時、〝よかったなぁ〟と思った一五歳の少年は、七〇歳になると、〝どうせうまくいかないさ〟と思ったりする（イヤな爺さんですね）。

中学時代に、デビッド・リーンの『逢引き』を見たときは、中年男女（トレバー・ハワードとシリア・ジョンソン）が過ちを犯さずに別れる結末に深く感動したが、七二歳の老人はもう少しうまくやればいいのに、と考えてしまうのである。

まだ四〇代半ばに、ヘンリー・フォンダが初めてオスカーを取った『黄昏』を観た時、七〇過ぎの老人が散歩に出て、帰り道が分からなくなる迫真の演技に感心した。しかし七〇歳を超えた今は、絶対に観たくない。

小説はダメ

小説がバツである最大の理由は、細かい字が読めなくなったことである。多くの出版社は、老人を意識して大きな活字で印刷するようになったので、老眼鏡をかければ読めるが、残念ながら根気が続かない。

中には、いまだに若者以外は読めないような細かい活字の文庫本を出しているところもある。電子出版を利用すれば、文字を拡大して読むことができるが、現在までのところ、そこまでして読みたいと思う小説は少ない（来年になれば、状況は変わっているかもしれないが）。

また青年時代に感動した本を、老人になってから読むと、どこに感動したのか分からないこともある。たとえば、妻のリクエストにこたえて、ドストエフスキーの『罪と罰』を朗読した時は、ハテナ印が付きっぱなしだった。

幸い聞いている側が音を上げたので、半分ほどでおしまいにしたが、枝葉の話が多すぎるのである（こういう本は、最近はやりのダイジェスト版で読めばいいのかもしれない）。

この点からいえば、『モンテ・クリスト伯』は完璧な出来である。ヒラノ老人は物書き作業がデッドロックに乗り上げた時、珍しく捨てずに取ってあったこの本（講談社文庫、全五巻、二三〇〇ページ）を読んで、用意周到に組み立てられたプロットと、絶妙の語り口に驚嘆した。

その後、これまた学生時代に読んだ『カラマーゾフの兄弟』の、亀山郁夫氏による新訳（これは八〇万部も売れたということだ）を手に取った。小林秀雄が「カラマーゾフは五〇歳を過ぎてから読み直すべきだ」と言っていたのを思い出したからであるが、五冊のうちの一冊も読めなかった。〝歳を取って知性が劣化したためだろうか。それとも？〟

翻訳ものは訳者によって、読みやすいものとそうでないものがある。カラマーゾフの場合で言えば、大御所の米川正夫訳は途中でダウンしたが、新進気鋭の池田健太郎訳は普通に読めた。そこでヒラノ名誉教授は、自宅から五分のところにある墨田区立図書館の横川分館に探検に出かけた。残念ながら池田訳は見つからなかったが、司書さんがほかの図書館をあたって下さるという。

一週間後に届いたのは、小平市立図書館が所蔵していた五冊の〝黄ばんだ〟中公文庫である。墨田区立図書館の司書は、東京都内にあるすべての図書館を探してくれたのである。

ここまでサービスしてもらったからには、読まないわけにいかない。こうしてヒラノ名誉教授は執筆作業を中断して、二週間後の返却期限までに、（難解な宗教談義部分と飛ばしながら）八〇％を読み終えたのでした。

小林秀雄先生は、八〇％では読まなかったのと同じだと仰るかも知れない。しかし全部読んだとしても、宗教とは無縁の輩には、分からないところは分からないだろう。それより何より、先が短い七二歳の老人は、たとえ〝人類史上最高の小説〟であっても、あまり時間をかけるわけにはいかないのである。

ドストエフスキーが読みにくい理由は、内容自体が難解であることに加えて、行間のスペースと改行が著しく少ないことである。一ページに改行が三回以下の部分もある。活字が小さい上に改行が少ないと、一時間以上読み続けるのは苦痛である。

改行が多いとページ数がふえる、ページ数がふえると値段が高くなる。しかし一九世紀、二〇世紀の読者はともかく、（こらえ性がない）二一世紀の読者にとっては、読み易さも大事である。翻訳が原作に忠実であるべきことは当然としても、改行をふやしても内容がかわるわけではないと思うが、いかがだろうか。

読み易さをモットーとする〝工学部の語り部〟は、一つのパラグラフは五行以内に納まるよう心がけているが、四行に一回か八行に一回かでページ数にはたかだか五％の違いしか生じないのである。

現役時代のヒラノ教授は、書評で見た面白そうな小説を買った。しかし、忙しいので読んでいる暇がない。そのうち読もうと思って本棚に収納した。本棚はたちまち一杯になった。東工大時代に人文・社会群の忘年会で、文学担当の川嶋至教授にこの話をしたところ、

「本は買った時に読まなければダメなんですよ、ヒラノさん。ヒマになったら読もうと思っている人は、ヒマになっても読まないものです」と言われて納得したヒラノ教授は、思い切って全部捨ててしまった。残念なことをしたと思ったこともあるが、結局読まなかったのではなかろうか。

評判になった本といえども二〇年後も残るのは一〇冊中一、二冊だろう。二〇年の間に社会情勢も変わるし人間そのものも変わる。三〇歳のときに買った本を五〇歳になって読むのは、きわめて稀なケースなのである。

では最近の小説はどうか。本を読めなくなった妻のために、七～八年前から〝朗読者〟を務めたヒラノ老人は、帯と裏表紙の解説を頼りに、面白そうな文庫本をたくさん朗読した。月二冊のペースで五年とすれば、合計一〇〇冊以上読んだはずだ。

ところが、小説には当たりはずれがある。外れが少ない作家は、東野圭吾、宮部みゆき、小川洋子、川上弘美くらいである。いまをときめく桐野夏生、湊かなえ、沼田まほかる女史などの作品は、老人にはどぎつすぎるし、阿刀田高、浅田次郎のような達人の本も、意外に外れが多い。また自称暴走老人・石原慎太郎が言うとおり、最近の純文学は、（老人にとっては）どこが面白いのか分からないものが多い。

半分以上が期待外れだと思うと、一五〇〇円払うのが惜しくなる。つい先頃芥川賞を受賞した『ａｂさんご』という小説は、ヒラノ教授と同世代の新人女性作家の作品ということなので綿矢りさ氏の『蹴りたい背中』以来久しぶりに読もうとしたが〝横書きひらがな文〟に目がくらんで二ページでダウンした。内容そのものは面白いということなので、漢字かなまじりの〝日本語訳〟が出たら、図書館で借りて読むことにしよう。

マンガは？

小説に比べると、マンガは外れが少ない。小学生時代に母親に隠れて読みふけった手塚治虫は、大人になってからも読み続けた。講談社の手塚治虫全集四〇〇巻を含め、重要な作品は全部読んだ（今では孫たちの大事な資産になっている。松明はひきつがれたのである）。

手塚亡き後もヒラノ教授は、毎週近所の古本屋で、二日遅れの『週刊モーニング』を一〇〇円（定価の七割引き）で買い求め、一週間かけて半分くらい読んだ。マンガ業界は競争が激しいので、面白くないものはたちまち淘汰される。だから、一定期間連載が続いているものの半分以上は面白い。

『天才柳沢教授の生活』にいたっては、柳沢教授の生活スタイルを取り入れるべく、切り抜いてファイルしたくらいだ（単行本になったものも買いました）。

弘兼憲次の島耕作シリーズは、ヒラ社員から課長を経て取締役になるまで、すべて読んだ。自分が一般教育担当助教授から一般教育担当教授を経て、専門担当教授になるプロセスと重ね合わせながら。また浦沢直樹の『MONSTER』、『二〇世紀少年』、萩尾望都の『ポーの一族』など、マンガ史に残る名作は、古本屋で全巻まとめて買いして繰り返し読んだ。〝日本のマンガは世界一〟と言われるだけのことはある。

スプートニク・ショックの影響で、多くの若者がエンジニアになったのと同様、手塚治虫の影響で、絵が上手で創作力がある人の多くが、(小説家ではなく) マンガ家になったのではなかろうか。

読みたいマンガはまだまだ沢山ある。ところが、四年の介護施設暮らしの間に、街の古本屋は軒並みつぶれてしまった。BOOK-OFFやTSUTAYAなどの大手に駆逐されてしまったのだ。

ところがこれらの大手は、街の古本屋のように、定価の五割引きで売ってはくれない。誰が読んだのか分からない古本を二割引きで買うくらいなら、新本を買った方がいい。しかし年金生活者には、マンガ一冊に五〇〇円を投資する財力がない。マンガ喫茶に入る勇気はない。貸してくれる学生もいない。というわけで、マンガは〝前向きで検討すべき今後の課題〟である。

エンジニアが書いた本

本を読まなくなったかわりに、ヒラノ老人は毎日八時間〝もの書き〟を続けている。これだけ書けば、一年で(四〇〇字詰め原稿用紙で) 一五〇〇枚になる。一冊三〇〇枚として五冊分である。しかしそれでも、全盛期の江藤淳氏や内橋克人氏の半分にも満たない。

しかもこの中で、マーケットに出る文章は六〇〇枚、良くても九〇〇枚だから、百発百中の江藤淳氏の二割である。売上げについては触れたくないが、五%以下だろう。

何度も書いたことだが、エンジニアが書いた本にはマーケットがない。なぜなら、エンジニアは（ヒラノ教授同様）本を買わないし、文系人はエンジニアが書いた（面白くない）本を買ってくれないからである。

これに追い打ちをかけるのが、図書館の（過剰）サービスと、インターネットの中古市場である。

狭い家に住んでいる日本人は、本を買っても収納しておく場所がない。ところが、いくらでも置き場所がある大邸宅に住んでいる成城マダムも、本を買わないのである。なぜなら、区立図書館に注文を出すと、すぐに買ってくれるからだ。

今や図書館は、〝巨大な貸本屋〟になってしまった。町の貸本屋であれば、借りに来るのは近隣の人だけだが、区立図書館にはあちこちにブランチがあって、そこから注文を出すと、本館や他のブランチにある本を取り寄せてくれる。区立図書館は、都民全員を対象とする無料のマンモス貸本屋なのである。

借りる側にとってはありがたいことだが、書く側としては、せめて発売後六カ月間は貸し出しを控えてほしいと思うがどうだろうか。夥しく出版される新刊ではなく、ある程度評価が固まったものだけを購入すれば、経費削減にもなるはずだ。

北欧諸国では、図書館が貸し出すときには、著者に一定の著作権料を払ってくれるということだが、日本では読者サービス・オンリーで、著作者に対する見返りは一切ない。経費削減で浮いた分を著作者に還元してくれれば、時給三〇〇円のもの書きは大喜びするだろう。

もう一つの中古市場だが、ネット上の中古市場では、本が出て一週間もすると何冊も売りに出されている。注文すればすぐに届く。本屋に出かけても、大型書店でなければお目当ての本が置いてあるとは限らない。だから書店で新本を買うより、中古市場で古本を買う方が安くて早いのである（古本は何回売れても、著者への見返りはない）。

〝紙媒体の本を出す〟というビジネスは、いまや破綻寸前である。これまで、いくつもの隙間鉱脈を掘り当てたヒラノ名誉教授が、破綻寸前のビジネスに参戦した理由やいかに。

10　ノンフィクションからセミ・フィクションに

天才柳沢教授の生活

二〇世紀後半の地球を制覇した、〝世界最強エンジニア集団〟を育てた工学部には、スゴイ人がたくさん住んでいた。その中の何人かについては、『工学部ヒラノ教授と七人の天才』（青土社、二〇一三）の中で紹介した。しかしすごい人は、それ以外にもたくさんいた。

しかし今や、それらの人を知る人は少なくなってしまった。芸術家と違ってエンジニアの仕事は、あとからやってきたエンジニアによって上書きされてしまうからである。ヒラノ教授の世代が死んだあとは、〝歴史の闇〟に埋もれていく運命である。

ヒラノ名誉教授が、破綻寸前のもの書きビジネスに参入したのは、彼らについて誰かが書き残す必要があると考えたからである。たとえあまり売れなくても、紙媒体の本は後世に残る。

一方電子書籍は、学術分野で大流行中の電子ジャーナル同様、やや信頼感に欠けるし、これから先どうなるか良く分からない。

書くべきことは沢山ある。しかし、長時間パソコンに向かっていると、健康を害するという説が流布されているので、〝夕方六時以降はアルコールを飲んでも構わない〟というヒラノ・ルールに従って、七時のニュースを見ながら、チーズをつまみに赤ワインをグラスで一～二杯飲むと（朝四時に起きるせいで）たちまち眠くなる。

『天才柳沢教授の生活』の主人公である横浜国立大学経済学部・柳沢良則教授は、何があっても夜九時には就寝する意志堅固な人物である。工学部ヒラノ教授も、二〇〇七年に介護施設に入居して以来五年間、柳沢教授に習って夜九時（もしくは八時）までには就寝する生活を続けてきた。

〝早寝早起きは三文の得〟の教え通り、早寝早起きは健康と経済に大いなるプラスをもたらす。九時に寝れば、七時から飲み始めても飲みすぎることはないし、四時に起きれば、二四時間営業のスーパーで五割引きのアジの開きやお花を手に入れることができる。

ヒラノ教授は若いころ、日本ＯＲ学会の懇親会で、柳沢教授のモデルになった小樽商科大学時代の古瀬大六教授（この人は、マンガの作者である山下知美氏の父君である）と言葉を交わしたことがある。

エンジニアから見ると、経済学者は付き合いにくいイキモノだが、ヒラノ老人と同じＯＲが専門の古瀬教授は、経済学者というよりはエンジニアだった。柳沢教授ほどカッコ良くはなく、目もあれほど細くなかったが、ファザコンお嬢様から見れば素敵な人だったのだろう。

もの書き老人

柳沢教授同様、決めたことを守らないと気持ちが悪いヒラノ教授は、毎日八時間パソコンの前でもの書きを続けている。〝そんなに書くことがあるのですか〟という質問に対しては、〝それがあるのですね〟とお答えしよう。

もちろん、書けない日もある。そういう時に支えになるのが、尊敬する小川洋子氏の次の言葉である。

「もの書きを目指す人が心がけるべきことは、必ず毎日机（パソコン）の前に座ること、そしてひとたび書き始めたものは、必ず最後まで書くことです」

ヒラノ名誉教授は、毎朝ウォーキング兼買い出しから戻ったあと、必ずパソコンの前に座って前の晩に打ち込んだ最後の一行を読む。すると頭の中から、毛糸をほぐすように言葉が湧き出してくる。眠っているうちに発酵が進むのである。

昼まで書いて、午後は映画を見たりお墓参りに行ったりして時間を過ごす。そして夕方またパソコンに向かい、何枚か書く。デッドロックに乗り上げた時には、別の原稿の手入れをやる。

そうこうするうちに、三ヵ月に一冊分の原稿が出来上がる。

現役中の仕事だった論文書きは、これとは全く違う。アイディアが出ないときは、パソコンの前に座っても何も出てこない。ヒラノ教授の最長〝出なかった〟記録は、一九七三年から八三年までの一〇年間である。

たとえアイディアが出ても、それが論文の形にまとまるとは限らない。途中で思い違いだったことが分かる場合や、誰かに先を越されることもある。論文書きは、世界中に散らばる研究者との競争である。

一方もの書きの場合は、ライバルに先を越される心配はない。そもそも、〝工学部の語り部〟のような〝生計の足しにならない仕事〟をやっている人は、ヒラノ老人以外にはいないからである。

また論文書きにはお金がかかるが、もの書きに必要なものは、脳みそとパソコンだけである。研究費も研究スペースも学生も取り上げられたうえに、脳みそが壊れかかった元教授には、論文を書く能力はない。しかしそのような人でも、〝工学部の語り部〟なら務まるのである。

但し論文と同じで、書いても出版してもらえるとは限らない。駆け出しもの書き老人の原稿の合格率は五〇％くらいである。九〇％以上の論文審査合格率を誇った、元ベテラン研究者としては不本意な成績である。

なぜ合格率が低いのかと言えば、論文の場合は読者が五人しかいなくても、内容が一定の水準を満たしていれば掲載してもらえるのに対して、読者がいない本は絶対に出してもらえないからである。

研究者から語り部に転じたヒラノ老人は、これから先、年に三冊くらいは出してもらいたいと考えているが、そのためには、

一つ、著者から本を贈呈された人からタダで借りるのではなく
一つ、図書館からタダで借り出すのではなく
一つ、古本市場で安く買うのではなく
一つ、本屋さんで立ち読みするのではなく

〝新本を買ってくれる一定数の読者〟が必要なのである。

事実九〇%以上のノンフィクション

二〇一二年の六月に出した『工学部ヒラノ教授の事件ファイル』（新潮社）は、〝夕日のガンマン〟風の表紙と好意的な書評のおかげで、予想を上回る売れ行きを示し、ついに一万部の大

台に乗せた。『すべて僕に任せてください』の時と同様、発売当時は東工大生協書籍部で、ベストセラーのトップを走ったということだ。

ヒラノ老人には、〝新本を買ってくれる一定数の読者〟がいることが証明されたのである。またこの本が売れたおかげで、その前に出した『工学部ヒラノ教授』も増刷され、累計一万部に達した。

口が悪い東工大の元同僚は言う。〝東工大そのものを描いた表紙と、あれだけけたたましい帯をまとった本が東工大で売れるのは当たり前だ〟と。しかしそのエンジニアは、現今の厳しい出版事情と、エンジニアは本を買わないという深刻な現実を知らないのだ。

売れない本を書いた人に、二度目のチャンスはない。しかし標準を上回る二冊の本を出したヒラノ老人には、三度目、四度目、五度目のチャンスが巡ってきた。

『工学部ヒラノ教授』では、工学部の表側を、その続編である『工学部ヒラノ教授の事件ファイル』では、工学部の裏側を、九七％の事実に三％の脚色（誇張）を施して紹介した。

そのまた続編である『ヒラノ教授と四人の秘書』（技術評論社、二〇一二）では、表と裏の間に挟まる工学部の〝あんこ〟にあたる部分を、事実九五％脚色五％で紹介した。そのあとに書いた、『工学部ヒラノ助教授の敗戦』（青土社、二〇一二）、『工学部ヒラノ教授と七人の天才』（青土社、二〇一三）など、工学部を斜めから紹介した四冊も、脚色は最大限一〇％に抑えた。

ノンフィクションを書くためには、九〇%以上の事実が必要である。ところが現役を退いた名誉教授には、新しい情報が入って来にくくなる。新しい情報が入らなければ、ノンフィクションを書くことはできない。

大学に押し掛けて、後輩から聞き出すという手はある。ところが、名誉教授が後輩の研究室に足を踏み入れることは、工学部（少なくとも東工大）では〝ご法度〟である。現役教授は忙しいので、年寄りに付き合っている暇はないからである。

これから先も書き続けるためには、どうすればいいのか。ヒラノ教授はあれこれ知恵を絞った。

一つの方法は、インターネットを活用して情報を手に入れることである。二〇年前には、国会図書館に行かなければ入手できなかった情報でも、今では独居マンションから簡単にアクセスすることができる。

ある高名な評論家は、〝知的仕事に最も必要なものは検索能力だ〟と喝破したが、玉石混交と言われるネット情報も、うまく検索すればまともなものを素早くヒットすることができるのである。

もう一つは、御法度であることを無視して、昔の仲間や後輩から情報を取り出すことである。しかし、〝大学暴露家〟のレッテルを貼られてしまったから、相手は警戒して本音を洩らしてくれないだろう。その一方で、暴露家だからこそ洩らしてくれる人もいるかもしれない。
ところがヒラノ教授は、これよりいい仕事があることに気が付いたのである。

大学小説

オペレーションズ・リサーチ（OR）の研究者だった時代のヒラノ教授は、〝数理計画法〟と〝金融工学〟という二つ鉱脈を行き来しながら採掘を行った。また金融工学の専門家になってからは、〝資産運用〟と〝信用リスク計量〟という二つの鉱脈を行ったり来たりした。
（研究という営みを研究する〝研究研究者〟が言うとおり）研究者にとっては、二つのテーマを持つことが、煮詰まり現象を避ける上で最も有効な方法である。それと同様、もの書きにとっても、二つの鉱脈で発掘に務めるのがいいのではなかろうか。

こう考えたヒラノ老人は、ノンフィクションの世界から飛び出して、大学（工学部）を舞台とする、事実五〇％＆虚構五〇％のセミ・フィクションを書くことを思い立った。

アメリカやイギリスには、古くから大学を舞台とする映画や小説がたくさんある。映画で言えば、『先生のお気に入り』、『ある愛の詩』、『卒業』、『炎のランナー』、『グッドウィル・ハンティング』、『ライフ・オブ・デビッド・ゲール』、『ビューティフル・マインド』などなど。

そこでヒラノ老人は、インターネットで〝college novel（大学小説）〟を検索した。すると、あるわあるわ。アマゾンには、ハードカバーが七五八冊、ペーパーバックが一五四二冊も登録されている。またジョン・クレイマーなる人物が、『American College Novels』なる本の中で、六四八冊の大学小説を紹介している。

日本にも有島武郎の『星座』、宮本輝の『青が散る』、伊坂幸太郎の『砂漠』など、大学を舞台にした小説がないわけではないが、アメリカに比べればずっと少ない。同様に、大学映画も英米よりずっと少ない。

なぜそうなのか。つらつら考えたヒラノ名誉教授は、大学に対するイメージが日米間で大きく異なるのが原因だという結論に達した。

アメリカの大学を訪れたことがある人は、広々した美しいキャンパスと充実した施設に衝撃を受けるだろう。ヒラノ教授が訪れた大学はたかだか二〇校に過ぎないが、どの大学でもキャンパスの美しさと施設の豪華さに圧倒された。

こういう素敵なキャンパスで学生生活を送れば、人々は愛校心を持つようになる。実際彼らは卒業した後、母校に対する支援を惜しまない。アメリカ人（特にお金持ち）は、〝アメリカで最も競争力がある産業〟と呼ばれる大学に誇りと愛着を持っているのである。

日本はどうか。卒業後も愛校心を持っているのは、一部のブランド私学と、国立では一橋大学くらいである。日本人が愛校心を持たないのは、日本の大学が、愛校心を育くむような素晴らしい空間ではなかったからである。

九〇年代末以降、日本の国立大学はかなり整備されたが、キャンパスの狭さはどうにもならない。一方アメリカの名門大学は、最も敷地が狭いプリンストン大学ですら、東工大・大岡山キャンパスの六倍の敷地を持っている。スタンフォードに至っては、一〇〇倍もある。

大学に対して愛着を持つ国民が多いアメリカやイギリスには、大学小説が多い。大学に対して愛着を持つ国民が少ない日本には、大学小説が少ない。これがヒラノ名誉教授が導いた結論である。

大学小説が少ない日本には、工学部小説は皆無である。〝工学部小説（セミ・フィクション）〟は、誰も書かない隙間産業なのだ。

（セミ）フィクションを書くには、嘘八百力が不可欠である。ではヒラノ老人にこの能力はあるのか。

母はヒラノ少年を、〝生まれつきの嘘つき〟と呼んだ。母からあれこれ吹き込まれた妻も、夫のことを嘘つきと呼んだ。ヒラノ教授は反論した。嘘ではなくジョークだ、タダの誇張だ、と。しかしジョークも誇張も嘘の一種だと一蹴された。

少年時代に嘘つきだったことは認めざるをえない。しかし、左腕を包帯でぐるぐる巻きにされたおかげで、嘘つき才能は枯れてしまったと思っていた。ところが、この物語を書き始めたところ、次々と嘘が湧き出してきた。嘘八百力はまだ生きていたのだ。妻が言っていたように、水をかけてやれば大木に育つかもしれない。

残された時間はわずかしかない。しかしここは焦らずに、これまでに書きためたノンフィクションに手を加えながらセミ・フィクションを書き、チャンスが訪れるのをじっくり待つことにしよう。『モンテ・クリスト伯』の最後に記された、〝待て、而して希望せよ〟という言葉を頼りに。

待っている間にお迎えが来れば、あちらで待っている盟友・白川教授と、同じくあちら側で待っている妻の手料理を楽しみながら、〝♪天国良いとこ一度はおいで。酒はうまいし雑用はないよ♪〟と声を張り上げることにしよう。

11　名誉教授の独居生活

健康寿命を使い果たした男

妻に先立たれたヒラノ名誉教授は、スカイツリーを見上げるマンションで、独居寡夫生活を送っている。

マンションの管理人は、「一人暮らしは大変でしょうね」と、涙腺を刺激する言葉を掛けてくれる。こんなとき、「二人暮らしの時よりは楽です」と精一杯強がりを言うと、「そうでしょうね」という答えが返ってくる。この人は、難病を患う母親を介護しているのである。

学生時代の友人の中で、夫婦二人ともにぴんぴんしているのは半数程度である。七〜八人に一人は奥さんに死なれて一人暮らし、三人に一人は本人または奥さんが厄介な病気にかかっている。

日本人男性の平均寿命は約八〇年である。ところが、厚労省発表によれば〝平均健康寿命〟、すなわち自分のことは自分でやれる期間は、これより九年短いという。つまり、七二歳の老人は、すでに健康寿命を使い切ってしまったのである。

七二歳男性の年間死亡率は二%程度である。五〇人の同期生の中で、一年に一人が死ぬということである。しかもこれから先、死亡率は年々急上昇していく。古希を迎えるころから、中学・高校・大学の同期会が頻々と開かれるようになったのは、皆それぞれに思い当たる節があるからだろう。

同期会に集まる老人たちは、しばしば〝PPK〟という言葉を口にする。〝ぴんぴんころり〟で死にたいという意味である。しかし、PPKを成就できる人は少ない。日本人男性は、身体の自由が利かなくなった状態で、平均的に九年も生き続けなくてはならないのである。

ヒラノ夫人は、要介護度二の認定を受けてから七年、要介護度五になってから二年余り、そして気管切開を受けてから一年近く生き続けたが、最後の一年は本当に辛そうだった。

〝自分は、あのような状態に耐えることはできないだろう〟。こう考えたヒラノ老人は、友人の勧めに従って「日本尊厳死協会」に入会した。

〝回復の見込みがない状態になった場合、延命措置は不要です〟という書類にサインして、年会費二〇〇〇円を払い込んだところ、会員証が送られてきた。回復の見込みがない状態になった時、本人もしくは家族がこの会員証を見せれば、医師は延命措置を施さずに死なせてくれるはずだ。

これで一安心かと言えば、そうでもない。〝まだ回復の見込みが無いとは言えません〟、〝息子さんの同意が得られませんので、ご希望に添いかねます〟、〝会員資格が失効しています〟などなど、心配の種は尽きない。

PPKへの道

〝ぴんぴんころり〟で思いつくのは、心筋梗塞、脳卒中、脳梗塞、大動脈破裂などの心臓・血管系の病気である。この中で脳卒中と脳梗塞は、寝たきりになる危険性があるから、狙い目は心筋梗塞と大動脈破裂である。

この病気への近道は、喫煙、過労、ストレスの御三家であるが、定年退職したあと、過労とストレスから解放された老人に残されたのは、喫煙だけである。

〝喫煙が原因で肺がんや心筋梗塞に罹って、貴重な人命が失われるのは国家的損失である。しかも、肺がんになると医療費が嵩んで、国家財政に悪影響を及ぼす。したがって喫煙は禁止すべきだ。それができなければ、タバコは一箱一〇〇〇円にすべきだ〟。これが反喫煙派の疫学者・後藤公彦教授（『スプートニクの落とし子』の主人公）の主張だった。

この主張は、人間はなるべく長く生きるのが望ましいという前提に立っている。ところが、八〇年の寿命のうちの最後の九年は、身体の自由が利かないミゼラブルな生活だという。九年間の介護にかかるお金と、肺がん治療に要するお金はどちらが多いか。

後藤教授の答えを聞いてみたいところであるが、ヒラノ名誉教授は、ミゼラブルな九年を過ごすより、〝好きなタバコを吸い、命ある限りしっかり働いて税金を払い、皆さまにご迷惑をかけずに七五歳でＰＰＫ〟の方が望ましいと考えている。

二〇年ほど前の同期会で、禁煙運動のリーダー役を務めていた科学ジャーナリストのＯ女史が、「室内でタバコを吸わないで下さい」と発言したのがもとで、大論争が起こった。

「なぜ（胃がんはよくて）肺がんはダメなんですか？」

「そもそもあなたは、どうやって死ぬつもりですか」という喫煙族の意見に対して、Ｏ女史曰く
「肺がんは苦しいからダメなのよ。いつも溺れているような状態になるんですよ！」

何年も溺れて暮らすのは願い下げだと思ったヒラノ教授は、この一言で丸めこまれてしまったが、釈然としない思いが残った。ところが、三年ほど前に肺がんで奥さんを亡くした友人によれば、最近の治療法を使うと、死の直前まで普通人と同じ暮らしが出来るということだ。その上最後の数日も、モルヒネを処方してもらえば、苦しまないで済むという。

妻が心室頻拍という難病を発症した機会に、喫煙をやめたヒラノ老人は、肺がんのリスクを

減らす一方で、ストレスを増やしたうえに、納税の楽しみとＰＰＫのチャンスを減らしてしまったのである。

それでは、今も頑なに喫煙を続けている東大名誉教授に倣って、再度喫煙に踏み切るべきか。答えはノーである。なぜなら、今やタバコは年金生活者には手が届かない〝奢侈品〟になってしまったからである（二〇年続いたデフレの中で、たばこの値段は二倍になった）。

独居寡夫の友

「二人より一人の方が楽です」と強がりを言って見ても、本音を言えば一人暮らしは心細いものである。〝孤立死の七二歳老人。死後一カ月以上誰も気付かず〟という記事を目にしたヒラノ名誉教授は、独居生活を始めて間もなく、ホーム・セキュリティー業界最大手の「セコム」に加入した。

月々五〇〇〇円ほどの料金を払うと、トイレやふろ場で気分が悪くなったときにブザーを鳴らせば、三キロほど先のサービス・センターから係員が飛んでくる。係員だけではない。救急車もほぼ同時にやってくる。

また死後二四時間すると、係員が見回りに来る。自宅にいるはずなのに、トイレの前に設置されたセンサーが二四時間以上作動しないと、異常が発生したものと判定されるのである。

独居寡夫は孤立死と背中合わせである。だからこれは仕方がないとして、厄介なのは死んだまま長時間放置されることである。解剖学が専門だった養老孟司先生（東大名誉教授）は、死んだあとのことを心配するのは無駄だと仰いますが、それは奥さまがお元気だから言えることでしょう。

一ヵ月近く放置された死体は、解剖学教授にとっては見飽きた物体だろう。しかし小心なヒラノ名誉教授は、自分の腐乱死体は絶対他人に見られたくないと思っている。一日当たり一五〇円で、腐乱死体の発生を防止できるなら安いものである。

安心を手に入れたはずのところ、いくつか注意しなくてはならないことがあった。まず、赤外線を発する物体（犬や猫）がトイレの前を通ると、死んだあとも生きていると認定されることである。

また、〝在宅ボタン〟がオンになった状態でドアを開けると、悪漢が侵入したものと判断され、ブザーが響き渡る。ロックを解除するキーを探しているところに、電話がかかってくる。

「セコムです。警報が鳴りましたが、どうなさいましたか」

「お騒がせしてすみません。ロックを解除せずにドアを開けてしまいました」

「では、お名前と暗証番号をお願いします」

「名前はヒラノヒロシ。暗証番号は××××です」

「暗証番号は三文字のはずですが」

〝あれ、何だっけ？〟認知症老人と間違われた独居寡夫は、以後ロックの解錠を忘れないように注意している。しかし、ワインを飲んでベッドに入り、眠りかけているところに新聞の集金人がやってくると、つい忘れる。

嬉しいのは、外出する時には若い女性の声で、「行ってらっしゃい。留守はセコムにお任せ下さい」、帰宅した時には「お帰りなさい」と囁いてくれることである。そのたびに独居寡夫は、「行ってきます。なるべく早く帰りますからね」、「ただいま帰りました。早かったでしょう（もしくは、遅くなってごめんね）」と答えている。

規則正しいもの書き生活

五〇歳はひよこ、六〇歳で一人前と言われる法学者や哲学者と違って、日進月歩のテクノロジーを扱う工学部教授は、六五歳を過ぎれば良くて相撲部屋の親方、普通なら出がらしのお茶、悪ければ伸びきったラーメンのようなものである。

その昔、五八歳の〝老〟教授の講義を履修したとき、二〇歳のヒラノ青年は、〝何なんだ、このシーラカンスは！〟と思ったものだ（この人は、日本の物理学界を代表する大教授だった）が、芳紀一九歳のお嬢様が、半世紀前に生まれたヒラノ教授をどう思っているかは、聞かなくても分かる。

若者の視線が気になる六五歳のヒラノ教授は、もう辞めたほうがいいと思うようになった。ずるずる七〇歳まで居座ったのは、十分な蓄えがあって定年後によほどやりたいことがなければ、早期退職には踏み切れないからである。

また予定より早く退職すると、博士課程の学生が路頭に迷う。文系大学では、大学院生を捨てて子しても特に問題にはならないらしいが、徒弟制度が生き残っている理工系大学では、このようなことをやると捨て子が化けて出る。

やめたくてもやめられないヒラノ教授は、定年という強制解雇制度があったおかげで、いささかの後ろめたさもなく辞めることができたのである（定年制度は絶対に必要です）。

四年にわたって、規則正しい収容所生活を続けたヒラノ名誉教授は、独居寡夫生活に入っても、生活スタイルを変えることに抵抗感を覚える。ところが八時半にベッドに入ると、三時に目が覚める。そこでNHKの「ラジオ深夜便」なる番組で、「にっぽんの歌・心の歌」を聴く。

NHKのシニア・アナウンサーや、元アナウンサーの上品なおしゃべりと、それとともに流れてくる二〇世紀の日本の歌は、老人の耳によくフィットする。若いころは、アメリカン・ポップス一辺倒だったヒラノ青年だが、年をとると（歌詞が分かる）にっぽんの歌の方が絶対にいい。

ビートルズ以後、日本の歌手・作曲家・作詞家のレベルは急上昇した。阿木燿子、阿久悠、なかにし礼、松本隆、安井かずみなどの作詞家や、大滝詠一、筒美京平、船村徹、浜圭介、平尾昌晃、三木卓などの作曲家、そして井上陽水、桑田佳祐、財津和夫、さだまさし、谷村新司、松任谷由美などのシンガーソングライターの華々しい活躍に比べて、九〇年代以降のアメリカ音楽が一頃ほどの輝きを失ったような気がするのは、〝一時期アメリカ人、現在日本人〟のヒラノ老人だけだろうか。

若いころのヒラノ教授は、いくつかの趣味を持っていた。読書、映画観賞についてはすでに書いたが、それ以外にもテニス、ゴルフ、オペラなどを楽しんだ時期もある。

高校時代にたしなんだテニスは、勝った時と負けた時の心理的落差が大きすぎるので、一年でやめた。アメリカ時代に手ほどきを受けたゴルフは、日本に帰る時にすっぱり手を切った。日本では、お金と時間がかかり過ぎるからである。

またウィーン滞在時代に週に三回見に行ったオペラは、CDで聴くだけになった（ウィーンでは三〇〇〇円程度で買えたチケットが、日本では二万円もした）。かくしてヒラノ名誉教授の趣味は、今では映画、CDオペラ、そして日本の歌だけになってしまったのである。

「にっぽんの歌・心の歌」は四時に終わり、ニュースのあと「明日への言葉」が始まる。これは、作家、大学教授、俳優、ミュージシャン、冒険家など、功成り名遂げた老人の御講話、もしくは自慢話である。

ありとあらゆる分野の人が登場する中で、〝エンジニア〟が出てくることは滅多にない。「ラジオ深夜便」のホームページを調べたところ、二〇一一年に登場した約三〇〇人のうち、エンジニア（のような人）は三人だけである。

この番組を聞いている二〇〇万人の老人の中には、かなりの数の〝（元）世界最強エンジニア〟が含まれているはずだが、彼らに声が掛ることはほとんどないのである。

三味線家、茶道家、陶芸家の中にはスゴイ人がいるようだが、三味線、茶道、陶芸に関心がない年寄りは、このような人の話を聞く気になれない。そこで、四時になるとラジオを消してベッドから脱け出す。

テレビのニュース番組で美人キャスターを見ながら、サラダ、トースト、紅茶という簡単な朝食を取ったあと、五時前にリュックを背負ってウォーキング（徘徊と言う人もいる）兼買い物に出る。独居生活を始めて二年あまりになるが、雨の日も風の日も、この日課を欠かしたことはない。週七万歩のノルマを達成できなかったのは、過去一〇〇週で二週（一六〇〇週で五〇週）だけである。

早朝にもかかわらず、大勢の老人が蠢いている。足・腰・背中が痛い老人は、股下八〇センチの大女に追い越されても気にならないが、身長一四〇センチの老婆に追い抜かれるとウヌヌとなる。

もっとゆったり歩けばいいものを、と思っていたところ、ミシガン大学教授が数万人を対象とする調査を行った結果、〝歩行速度が遅い人は、普通の人に比べて短命である〟というイヤラシイ研究報告を出した。歩くという活動は、哺乳類である人間の総合力を示しているのだそうだ（そうだったのか！）。

これに追い打ちをかけたのが、〝歩行速度が遅い人は、将来ロコモ症候群（運動機能喪失）になりやすい〟、〝歩幅が狭い人は認知症に罹りやすい〟という新聞記事である。人々の関心を引いたと見えて、週刊誌が後追いする。そのうち〝脚が短い人は命も短い〟という記事が出るのではなかろうか。

ショックを受けたヒラノ名誉教授は、友人に勧められたノルディック・ウォーキングを試してみた。二本のスティックを使って、上体を揺らしながら速足で歩くエクササイズである。このおかげで、老婆に追い抜かれる頻度は少なくなったが、依然として鈍足度がA級であることに変わりはない。

イヤラシイ研究はこれ以外にもある。その一つは、カリフォルニア大学教授の、〝左利きの人は右利きの人より九年寿命が短い〟という研究結果である。世の中のシステムは、右利きの人を想定して設計されているので、左利きの人は事故に遭う確率が高いというのである。

母親の矯正にもかかわらず、いまも左利きのヒラノ名誉教授は、駅の改札口を出入りする時や、ウォッシュレットを操作するときに、そこはかとない不便さを感じているが、寿命が九年も短いとは知りませんでした（二年前に死んでいたはずの左利き・鈍足男は、ドッコイまだ生きています）。

またかなり前のことだが、もう一人のカリフォルニア大学教授が、〝美人と結婚した男は、そうでない人より一二年寿命が短い〟という研究結果を発表している。嵐山光三郎氏が言うとおり、一般的に言って美人は薄命で性格が悪いから、この調査結果には信ぴょう性がある。

これに当てはまるケースとして最もよく知られているのが、世界一の美女・エリザベス・テイラーと二回結婚して二回離婚したあと、五八歳の若さで死んだイギリスの名優リチャード・バートンである。

アメリカの一流大学にも、日本の大学と同様、どうでもいい研究を大真面目でやる人がいるものだ。しかし、ヒラノ教授の数理工学研究も、鈍足、左利き、美人妻の研究をやっている人から見れば、どうでもいいことなのだろう。

もの書き老人の一日

ウォーキング兼買いものを終えて六時前に自宅に戻ると、シャワーを浴びてもの書きに取り掛かる。調子がいい時は二時間で五～六枚書けるが、一～二枚しか書けないこともある。調子が悪いときは、すでに完成したはずの原稿の推敲を行う。

誰が言ったか忘れたが、〝世に名文家なし、名推敲家あるのみ〟という言葉のとおり、文章は推敲を施すたびに良くなるものである。作家の中には、プロの編集者でなければ解読できないような、〝多重推敲文〟を送ってくる人がいるそうだが、今では何回、何十回推敲しても、編集者に迷惑をかけることはなくなった。

それにしてもパソコンが無い時代に、流麗な名文を書いた森鴎外や三島由紀夫には頭が下がる。それともあの人たちには、有能な推敲家がついていたのだろうか。

推敲が終わると、メールを読む。メールが無いときは、インターネットで「工学部ヒラノ教授」を検索する。

好意的な書評が見つかると元気が出る。ここで執筆に戻ると、また書けるようになる。悪い書評が見つかると落ち込むので、読まなかったことにする。こうして、ところどころに休憩をはさみながら一一時半まで執筆に励み、一つの章が書きあがるたびに、妻の写真を相手に朗読する。

〝まごわやさしい（注：マメ、ゴマ、ワカメ、野菜、魚、シイタケ、いも）〟を心がけつつ、一日一度のまともな食事をとったあとは、一時ころから映画を観る。観たい映画が無いときは、CDオペラを聴きながら執筆を続ける。五時になると、再びウォーキング兼買いものに出る。六時に帰って、チーズなどをつまみにグラス二杯のワインを飲みながらもう一仕事して、八時半にベッドに入る。ヒラノ名誉教授の一日は、こうして終わる。

一日中誰とも言葉を交わさなかった日の翌朝は、公園で暇そうな老人に声をかける。ここに集まる老人は、種々雑多である。自作のマージャン・ソフトを販売して、五〇〇億円稼いだと称する元社長。かつて、錦糸町ナンバーワンの美人と呼ばれたメガネ屋のオーナー夫人。戦後間もないころから営業している老舗鰻屋の頑固おやじ。

戦艦に乗って真珠湾攻撃に参戦したという九一歳の老人。二人の息子に裏切られた独居寡婦。古希を過ぎてもサッカークラブに入って、東京中で試合をしまくっている一人暮らしのおっさん、などなど。

現役時代に言葉を交わした相手は、ほぼ同じ人種である。魚で言えば、アジ、サバ、さんま、カツオ、マグロ。ところが公園には、ホッケ、アナゴ、深海魚、そしてトドまでいる。ここで集めた情報は、セミ・フィクションを書くときに役に立つかもしれない。

以下は、安物のジャージを身にまとった、六〇代初めの〝五〇〇億円マージャン・ソフトおやじ〟との会話である。

「稼いだお金はどうなりました？」

「フッフッフ。あちこちに家や農園を買ったり、親戚や兄弟にくれてやったから、残っているのは二〇〇億くらいかな。でも、これから先使い切れそうもないな」

「羨ましいですね。どうでしょう。お宅の会社のすぐ隣にある、中央大学（理工学部）の学生に奨学金を出してもらえませんか。基金を作って一〇〇億円を（資産運用理論の専門家であるこの私が）運用すれば、年に四億円くらいは利益が出ますから、毎年二〇〇人の学生に二〇〇万円ずつ出してやれるんですけどね」

「そういう下らんことに金は出さん！　おれは中学しか出ていないが、自分で勉強して金を稼いだ。兄貴は奨学金をもらって大学に行ったが、今では俺が面倒を見てやっているんだ。奨学金なんかもらうと、人間がダメになる！」

こういう人は、根っからの原発嫌いのようにダメなものはダメだから、これ以上言っても無駄なので話題を変えた。

「毎日どんな生活をしているんですか」

「これから千葉のトマト畑を見回ったあと、埼玉のイチゴハウスを見にいく予定だ」

「毎日そういう生活ですか」

「いろいろあって、結構忙しいんだよ」

「イギリスの貴族みたいですね」

「イギリスの貴族?」

「彼らは、あちこちに土地・屋敷と愛人を持っていて、そこを順番に回っているうちに一年が過ぎるということですよ」

「まあ、そんなもんだな。フッフッフ」

こういうおやじが、どのような豪邸に住んでいるのかと言えば、それは錦糸町駅から一〇分ほどのところにある、どうと言うことのない平屋である。世の中には、まことにいろいろな人がいるものである。

定年後の工学部名誉教授には、五〇〇億円おやじほど多くの仕事はない。ほとんどない、と言った方がいいくらいだ。

五年ほど前のことだが、昔からの知り合いである先輩名誉教授と立ち話をした際に、この人の手帳が三カ月先まで真っ白だったことに、ヒラノ教授は強い衝撃を受けた。この人は、東京大学工学部教授を経て、世界のセンター・オブ・エクサレンスとして知られる研究所の所長を務めた碩学である。これほどの人物が、六〇代初めに大学を強制解雇されたあと、やることもなく時間を過ごすのはもったいない話だ(もっとも来年あたり、ドカーンとしたライフワークを発表するかもしれないが）。

もう一人例をあげれば、毎年新年会で顔を合わせる東京大学工学部のK名誉教授も、〝超整理手帳〟の発明者に対して、「散歩以外にはすることがないから、手帳なんか貰ってもしょうがない」と言っていた（そうだろうなぁ）。

研究一筋に生きた理工系研究者（特に実験系の人）は、定年退職後は〝予定〟というものが全く無くなるのである。一方、研究一筋ではなかった非実験系のヒラノ名誉教授には、週に一つか二つは仕事らしきものがある。また有難いことに、月に何回か友人と会食する機会もある。

きょうようときょういく

心理学者の多湖輝・千葉大学名誉教授（この人は、八〇歳を超えた今もめちゃめちゃ元気で、足立区にある「東京未来大学」の名誉学長を務めている）は、高齢者が〝楽老（らくろう）生活〟を送る上で大事なものは、〝きょうようときょういく〟だと仰る。

〝教養と教育〟ではなく、〝きょう用事があって、きょう行くところがある〟という意味である。ところが、研究一筋で一生を過ごした大多数の工学部名誉教授には、きょうようもきょういくもない（ここで言う〝きょうよう〟とは、〝教養〟もしくは〝きょう用事〟、もしくはその両方のことを指す）。

ヒラノ名誉教授は〝多湖の教え〟に従って、月一回のマンション理事会にも、出来る限り顔を出すことにしている。

なお多湖教授の御講話を伺ったのは、ラジオ深夜便の「明日への言葉」という番組である。いつもはパスするこの番組を聴いたのは、かつて東京工業大学に勤めていた心理学者の〝たごあきら先生〟という紹介の言葉を耳にして、そんな人がいたかしらと不審に思ったからである。もちろんヒラノ教授は、多湖輝先生を知っていた。いつもたこ、たこと呼んでいたあのおじさんである。〝たこてる〟ではなく、〝たごあきら〟だとは存じませんでした（たこ、たこと呼び捨てにした失礼をお詫びいたします）。

バッハと八代亜紀

現役時代は、いやでたまらなかったマンションの理事会に出ると、これまで付き合う機会がなかった人種から、種々雑多な情報が得られる。ついこの間も、かつて音楽大学に勤めていたというマダムに、歩いて二〇分ほどのところにある「すみだトリフォニー・ホール」で、バッハの『マタイ受難曲』の公演があることを教えてもらった。滅多に演奏されない曲（多分この世の聴き納め）なので聴きに行こうと思ったが、残念なことにチケットは完売だった。

ところがその数日後、ラジオ体操で一緒になったメガネ屋の奥さんから、歩いて三〇分のところにある「ティアラ江東」で、八代亜紀のコンサートが開かれることを教えてもらった。

インターネットで調べて電話したところ、こちらのほうは昼の部のチケットが二枚だけ残っていた。前から一〇列目中央の席と、前から四列目の右端から二つ目の席である。中央席だと、地震が起こった時に逃げそびれるし、一〇列目では亜紀様のかんばせが良く見えないと思って、四列目を買った。

マタイ受難曲ならともかく、ウィークデーの真っ昼間に演歌を聴きに行くなんて、現役時代の工学部ヒラノ教授には考えもつかなかった〝怪挙〟である。

「ティアラ江東」は、一〇〇〇人に近い老人（九〇％は女性）で埋め尽くされていた。ところが開演のベルが鳴っても、前の三列は空席のままだった。気がつくと、真正面にドでかいアンプがある。これはまずいと思った時は遅かった。

一〇〇〇人を収容する大ホールの最後部まで届く音量を、事実上の最前列で聴けば耳がつぶれる。ヒラノ名誉教授は、『舟歌』、『雨の慕情』などの古典や、（ラジオ深夜便から生まれた）最近のヒット曲『デスティニー・ラブ』の大音響に、脳みそを揺さぶられたのでした。

何事も初体験には失敗がつきものである。ヒラノ名誉教授は次の時、例えば坂本冬美さま、香西かおりさま、そしてあさみちゆき様が「ティアラ江東」にお越しになる時には、前から五列目の中央チケットを手に入れたいと考えている。

しかし演歌だけではバランスを欠くと考えた老人は、「墨田トリフォニー・ホール」で開かれる「新日本フィル」の定期演奏会の会員になろうと考えている。妻が元気だったころは、サントリー・ホールの「読売日響」定期コンサートに出かけて、月々三〇〇〇〇円程度でレベルの高い演奏を楽しませてもらった。

五〇歳のヒラノ教授は、マーラーやブルックナーを一人で聴きに来る七〇代の白髪老人を見て、カッコイイと思ったものだが、今の若者はヒラノ教授を見てどう思うだろうか。

12　語り部の評判

文系人の驚き

〝工学部の語り部〟という新事業に参入するにあたってヒラノ教授は、文系人からは無視され、同業者からは批判されるのではないかと心配していた。

ところが思いがけないことに、文系人からは好意と驚きをもって受け入れられたのである。たとえば東えりか氏（書評家）、仲野徹教授（大阪大学、医学）、成毛真氏（インスパイア社・社長、書評家）、山内昌之教授（東京大学、歴史学）、渡辺十絲子氏（詩人）などの論客が、大新聞や有力雑誌に好意的な書評を書いて下さったし、ブログの中でこれらの本を取り上げて下った方も多い。

そのおかげで出版不況にもかかわらず、『工学部ヒラノ教授』は一万部を売り上げた。ちなみに、ヒラノ教授が書いた本の中で最も売れたのは、バブルの最中に書いた『大学教授の株ゲーム』（新潮社、一九八九）と、金融工学ブームに後押しされて書いた『金融工学の挑戦』（中公新書、二〇〇〇）の四三〇〇〇部である（最も売れなかったのは、英語で書いた専門書の八〇〇部である）。

ヒラノ教授が『文学部唯野教授』を読んで驚いたように、文系の人々は、『工学部ヒラノ教授』を読んで、そこに紹介された工学部とエンジニアの実態を知って驚いたのである。

驚いた人たちから、ファンレターのようなものもやってきた。それも女性から。どういう人からかと言えば、工学部教授夫人、工学部教授元秘書嬢、元工学部事務職員、そして工学部卒の主婦である。

工学部教授夫人：″主人は何も話してくれませんので、どうしてこんなに忙しいのか不思議でしたが、この本を読んで初めてその理由が分かりました″。

工学部教授元秘書嬢：″先生が関わった研究費の不正使用事件は、私の先生に比べたら赤ん坊のようなものです″。

元工学部事務職員：″工学部の先生は、（経済学部の先生に比べて）とても愛しい生き物でした″。

理工系大学出身の中年女性：″何かあると「理系の奴らは……」とブツブツ言う経理マンの夫にこの本を見せてやれば、少しは（理系人間の）私のことを分かってくれるのではないかしら″。

私立大学法学部教授：〝セクハラ・アカハラ裁判の判例をお届けしますので、次の本を書く時にご利用下さい〟。

かくして、工学部とエンジニアの生態を世間一般の皆様に知って頂こうというヒラノ教授の目的は、ひとまず達成されたのである。

ヒラノ教授はこれまで新しい本が出るたびに、三〇人ほどの知り合いに献呈してきた。お世話になった先生方、学生時代以来の友人、そしてあれこれ義理がある人たちである。

本を贈っても、必ずしも歓迎されないことは知っていた。なぜならヒラノ教授自身、分厚い哲学書を贈られて、当惑したことがあったからである。ある高名な作家は書いていた。〝本を贈られても読んでいる暇がない。ところが中には、感想を求めてくる迷惑な輩がいる〟と。

しかし折角贈ってくれたのだから、お礼状を出さなくては失礼にあたる。大事なことは、貰ったらすぐお礼の葉書を出すことである。〝立派な本を贈って頂き、大変ありがとうございました。これから早速読ませて頂きたいと思っております。取り急ぎお礼まで〟。

貰ってから時間がたつと、何か一言感想を書かなくてはならない。そのためには、五分の一くらいは読まなくてはならないが、時間が取れない（時間があっても読む気になれない場合もある）。

このような時に、お礼のメッセージに添えて自分が書いた本を送れば、心理的負担を感じないで済む（多分相手も読まないだろうから）。

あちこちに繰り返し書いたことだが、〝エンジニアは専門書と趣味以外の本は読まない、買わない、ただで貰えば稀に読むことがある〟人種である。またタダでもらった場合でも、普通の人が二時間で読む本に一カ月かける人もいる。こんなに時間がかかるのは、縦書きの一般書を、横書きの専門書のように精読するからである。

本を贈呈した三〇人のうち、全部読んでコメントを送ってくれる人は半数程度である。贈呈先の半分がエンジニアであることを考えると、これは驚くべき打率である。

（いつもではないが）三〇〇〇字以上の感想文を送ってくれる人、短いながらも本質を突くコメントを送ってくれる人、一杯やりながらもっと詳しい話を聞きたいというメールを送ってくれる人、感想文をブログにアップロードして、周囲に宣伝してくれる人もいる。

また或る文系の友人は、一連のヒラノシリーズを読んで、〝同じ箱から、次々とウサギやハトを取りだす魔術師を思い出した〟というメッセージを送ってくれた。多分ほめてくれたのだろうが、これは若いころクレイジー・キャッツの『昨日の続き』というコント番組で、同じネタを捻り回して新しいコントを作るノウハウを習得したおかげである。

最も熱心な読者は、先ごろ九五歳で天寿を全うされた高田勝先生（九州大学名誉教授）と、ヒラノシリーズにしばしば登場する、物理学者の竹山協三博士（中央大学名誉教授）の二人である。

高田教授は、ほとんど視力を失ってからも拡大鏡を使って全巻読破したうえで、的確なコメントと激励の言葉（そして福岡名物の辛子明太子）を送って下さった。また竹山教授も、毎回本を受け取った次の日に、一時間以上にわたって電話で意見を述べてくれた。ヒラノ教授シリーズを、私小説ならぬ〝私・ドキュメンタリー〟と命名したのはこの人である。

ヒラノ教授にとって、友人や先輩の建設的コメントは、とてももうれしいものである。しかし残念なことに、これらのコメントを生かす機会は無い。たとえ重版されるとしても、ひとたび市場に出てしまった本に、ページ数に増減が出るような大幅改訂を施すのは難しいからである。

エンジニアの批判

文系人とは対照的に、エンジニア諸氏の評判は芳しいものばかりではなかった。

エンジニアは専門分野で勝負すべし（専門以外のことについて発言するのは慎むべきである）。エンジニアは仲間に迷惑をかけるべからず。索引が無い本は読むべからず。これが一流エンジニアが守るべき大原則だから、彼らは、世間一般の人に対して工学部の真実を知らせる〝縦書きの〟本を書くのは〝はしたない〟行為だと思ったのだろう。

〝誰でも知っていることしか書いてないので、ほとんど得るものはなかった〟。

〝現役を退いたからと言って、（お世話になった）工学部の内情をこれほどあからさまに暴露していいのか〟。

〝こんなことを書かれたら、うちの大学に学生が来なくなってしまう〟。

〝同じ話を何度も繰り返すのはいかがなものか（同じことは二度書くな！）〟。

〝工学部教授はモラルが低いという印象を与えかねない〟。

〝工学部が抱える問題を紹介するのはいいが、解決策を示さないのは問題だ〟、等々。

これらの批判は、かつて金融工学という〝禁断の領域〟に踏み込んだ時に浴びた、囂々たる非難に比べれば軽微なものに過ぎない。しかし、そうだからと言って無視するわけにもいかない。そこで、この場を借りて、少しばかりコメントすることにしよう。

まず〝誰でも知っていること〟であるが、この言葉の前に〝工学部関係者なら〟を補えばご指摘の通りである。この先生には、〝ヒラノ教授の目的は、チベット人なら誰もが知っているが、誰も書かないチベットのことを、日本の皆様に紹介することです〟とお答えしよう。

次に〝あからさま〟について。これが〝包み隠さずに〟という意味であれば、その通りである。しかし〝露骨で下品な〟という意味だとすれば、それは当たらない。工学部の実情を包み隠さずに書いたのは事実だとしても、下品なことは書かなかったからである。

また〝現役を退いたからと言って〟については、〝現役教授にはいろいろな縛りがあって、書けないことが多いのです〟とお答えしよう。

三つ目は、はっきり言って杞憂である。ヒラノ教授シリーズを手に取るような高校生は、日本中で一〇人もいないだろう。また受験生の母親が読むかもしれないと仰る方には、そのような人は大学関係者だけ、すなわち一〇〇人を超えることはないと申し上げよう（一〇万部売れれば別ですが）。

四つ目のご指摘はもっともなものである。確かにこのシリーズでは、筑波大学の大騒動や、東工大の文系集団の破天荒な振る舞いを、繰り返し紹介した。しかし、シリーズすべてを読んで下さる（数少ない）読者にとっては、〝またか〟と思われる内容でも、その本一冊しか読まない大半の読者のことを考えれば、同じことでも繰り返し書かざるをえないのである。

〝工学部教授はモラルが無い〟というのは、一部真実である。しかし読者の大半は、〝工学部の教え・七か条〟を守っている工学部教授は、『文学部唯野教授』に登場するコマッタ教授に比べれば、遥かにモラルが高いと思って下さったようである。

〝現状を述べただけで、改革案が示されていない〟という批判は、当初から予想したものである。ヒラノ教授は、〝語り部の役割は、事実をありのままに、そして分かりやすく紹介することであって、改革案を提示することではない〟と考えていたからである。

もちろん全く何の提案も行わなかったかと言えば、そうでもない。いかにすれば大学院教育の質を改善することができるか、どうすれば研究費の不正使用やアカハラを防止できるかなどについては、若干の意見を述べた。

しかしそれは、〝かくあるべし〟といった居丈高なものではなく、〝こうするのも一つの方法ではないでしょうか〟という穏やかなものだったはずである。より強い主張を行わなかったのは、工学部（日本の大学）が抱える問題の多くは複雑に絡みあっていて、一朝一夕に解決出来るようなものではないからである。

とは言うものの、何も目新しい提案を行わなければ、次の本を読んでもらえなくなる。というわけで次の章では、工学部の語り部からのいくつかの過激な提案を行うことにしよう。

13　大学の危機と語り部の提言

疲弊する大学

政府はここ数年、財政難を理由に国立大学法人に支給する給付金（人件費や定常的業務に充当するお金）を、毎年一％ずつ減らし続けてきた。このため、一部の勝ち組を除く大学の経営状態は、徐々に（あるいは急激に）悪化している。

大学問題専門家によれば、二〇〇八年現在で七五六を数えた大学（国立八七、公立八九、私立五八〇）の二割は、一〇年以内に潰れるということだ。また、表向きは問題が無さそうに見える大学でも、若手教員の間では、いつ何が起こるか分からないと囁かれている。

教員や学生に対する文科省や大学当局の締め付けも、ますます厳しくなっている。

たとえば、数年前から講義期間が年二六週から三〇週（プラス試験期間が二週間）に増えた。もともと（アメリカ同様）日本でも、講義は年に三〇週間講義をやることになっていたのだが、文部科学省は諸般の事情を斟酌して、これまでは四週間分のごまかしを見逃してくれた。ところが数年前に、〝(グローバル・スタンダードに合わせて)規定通り三〇週間やりなさい〟という通達が出た。従わなければ、補助金を減らされることは必定である。

そこで中央大学は、春休みや夏休みを減らしただけでなく、国民の祝日の一部をつぶして、四週分の授業増に踏み切った。昔であれば、学生たちは反文科省・反大学闘争をやっただろう。しかし〝闘争〟がお嫌いないまどきの学生は、四週間余分に講義に出席して、いい成績を取ることに腐心している。

では、これまでの日本人大学生は、アメリカ人大学生より年四週間分実力が足りなかったのだろうか。ヒラノ名誉教授は、留学経験をもとに断言する。「(二〇年前までの)日本の一流理工系大学の卒業生は、アメリカの学生に劣らない実力を持っていた」と。

〝3K1Y〟工学部(3Kとは危険できつくてきたないという意味、1Yとは安月給という意味です)の人気低落を食い止めるために、九〇年代初めに実施された、カリキュラム削減以前の日本の理工系大学の学部教育は、アメリカン・スタンダードを上回っていたのである。

学力低下が叫ばれる現在でも、勤勉な工学部学生は、休み中も〝DRS完備〟のキャンパスに住みついて、学食で栄養を補給ながら、(アルバイトがないときは)仲間たちとゼミを開いている(なおDRSとは、暖房・冷房・シャワーのことです)。

また夏休みには、研究室のゼミ合宿や、企業のインターン研修に参加する学生も多い。講義期間が四週間増えたために、このような実りある時間が四週間分減ったのである。

工学部の伝統だった〝温情主義〟も過去のものになった。カンニングに対する罰則が大幅に強化されたし、卒業条件である一三〇単位に一単位足りない学生を、〝粉飾卒業〟させることも出来なくなった。

カンニングの罰則強化は当然だが、一単位足りないだけで就職が一年（もしくは半年）遅れるのは、本人はもとより、親にとっても社会全体にとっても大きな損失である。こんなことを言うと身も蓋もないが、いくつかの必修科目を除けば、単位が一つや二つ足りなくても、その後の社会人生活には何の影響も出ないのである。

学生時代に、何度か温情措置に救われたことがあるヒラノ名誉教授は、学部教育をあまり厳しくする必要はないと考えている。しかし、このようなことを口にすると、グローバル・スタンダードの導入に余念がない文科省のお役人や、泣く教授も黙る「ＪＡＢＥＥ（日本技術者教育認定機構）」の関係者は、老人の妄言と一蹴するだろう。

しかし彼らといえども、わが身を振り返れば、研究者養成のための大学院教育はいざ知らず、良き社会人を育てるための学部教育は、かつての旧制高校のような〝おおらかなもの〟であっても構わない、ということに同意されるのではなかろうか。

磨りきれそうな工学部ヒラ教授

締め付けの対象は学生だけではない。政府は国立大学への給付金を減らす一方で、理工系教授に対して、「世界的研究競争に勝ち抜け！」と号令を掛けている。研究・教育・雑用・社会的貢献活動で、年に三〇〇〇時間以上働いてきた働き蜂に、もっと働けと言っているのである。

独立法人化以後、（雑用が増えたおかげで！）理工系大学教員の研究時間は、減少傾向が続いている。教授や准教授は、大量の雑用でまさに擦り切れようとしている。この結果、日本の理工系大学の国際ランキングは低下しつつある。政府は、〝一〇年後に一〇大学が世界一〇〇位以内に入ることを目指す〟と言っているが、現在の状況からすれば夢のまた夢である。

国内リーグ戦だけで済ませている文系教授と違って、世界リーグで戦っている工学部教授は、夏休みの間も休んでいるわけにはいかない。ほとんど毎日大学に出勤して、学期中には手が回らない〝研究〟をやっているのである。この書き入れ時間が四週間分失われるのだから、その影響は極めて大きい。

ついでに書いておくが、欧米圏で発表されている各種大学ランキングは、欧米バイアスがかかっているので、日本の大学のランクは低く出る傾向がある。

例えば、イギリスの大学評価機関であるQS社が公表している世界大学ランキング（いわゆるQSランキング）で、最も大きなウェイトを占める〝大学関係者の評価〟という項目に関して言えば、欧米圏の大学関係者の意見が重視される傾向があるし、〝外国人留学生の比率〟という指標は、英語圏の大学に有利な結果をもたらす。

東京大学が秋入学制度を提唱した理由の一つは、留学機会を増やすためであるが、秋入学に変更したところで、留学できるのは一部のお金持ちの子弟に限られるし、言葉の障壁がある日本に、欧米から優秀な留学生がぞろぞろやってくるとは思えない。来るのは、アメリカの一流大学に入れてもらえなかった学生と、途上国の学生が中心だろう。

東京大学は（教授たちの同意が得られそうもない）秋入学を当面棚上げして、その準備段階として、一学年を四月～六月、九月～一一月、一二月～一月、二月～三月の四学期に分ける制度を導入するということである。

〝三カ月の夏休みを利用して海外留学しましょう。その代わりに、六週間の講義、一週間の補講、一週間の試験を年に四回繰り返します〟というのであるが、工学部ヒラ教授から見れば、これは〝迷案〟としか言いようがない。

この案は、これまでの前期・後期二学期制を半分に分けただけのように見えるかもしれないが、そうではない。各学期は二カ月で完結したものにする、というのである。教える側としては、六週間（六回の講義）でまとまった内容を教えるのは容易でない。アメリカのように、各科目を週に二回もしくは三回ずつやるのであればともかく、従来並みの教育効果を挙げることは難しいのではなかろうか。

中央大学の場合について言えば、毎日大学に出ている後楽園の理工学部教授にとっては、（総負担時間が変わらなければ）週一回で二回でも同じことだが、〝たまにしか来ない〟多摩の文系教授は、猛反対するだろう。

留学機会を増やすために制度を変更して、大多数の日本人学生と教員の負担を増やすより、東京大学をはじめとする有力大学が、大学教育（特に大学院教育）を抜本的に改革した上で、日本式大学ランキング・システムを発信する方が先ではないだろうか。中国ですらやっているのに、日本がやらないのはおかしな話だ。

こういうことを書くと、〝そのようなものを作っても、欧米諸国に相手にされない〟だとか、〝公平な評価システムを作るのは難しい〟といった反論が出るだろう。しかし、各国それぞれ自分たちに有利なシステムを作っているのだから、われわれも堂々と日本式評価結果を発信すればいいのである（一〇大学を世界のトップ一〇〇に押し込むには、こうするしかないだろう）。

組織の評価は、ヒラノ名誉教授の専門である「OR（オペレーションズ・リサーチ）」の主要研究テーマの一つである。日本OR学会には、「評価のOR」という研究部会があって、様々なノウハウが蓄積されている。

大学評価は、国のプレステージに重要なかかわりを持っている。この際わが国も、本腰を入れてこの仕事に取り組むべきではないだろうか。

大学教授の業績評価

国から提供される給付金が漸減する中で、工学部教授は〝競争的研究資金〟の獲得に狂奔している。

競争的研究資金（その代表は、文科省の科学研究費である）を獲得するためには、説得力がある申請書類を書かなくてはならない。現役時代のヒラノ教授は、毎年この作業に一〇〇時間以上を費やしていた。幸い一九八五年以降一度も落選せずに済んだが、競争は年々激化しているから、現在であれば三回に一回は落選の憂き目にあうのではなかろうか。

工学系の研究者は、研究費がなければ実験機器や資材を買うことができないし、秘書や学生アルバイトを雇うことも出来ない。また、研究成果を発表するための海外出張も、自腹を切らなくてはならない。

科学研究費は国の会計制度に合わせて、（一部を除いて）翌年に持ち越すことはできないので、これに外れた年は、羽をもぎ取られたカラスのような状態になる。羽がないカラスは死ぬしかない。ひとたび研究費がない→研究成果が上がらない→研究費がないという絶望サイクルに入りこむと、〝特別な幸運〟に恵まれない限り、そこから脱け出すのはとても難しいのである。

大学経営が悪化する中、日本の大学も、アメリカの大学のような業績主義を導入せざるをえない状況に追い込まれている。業績を挙げようが挙げまいが、待遇に全く差が無い〝超〟平等方式のもとで、収入減に対応して全員一律に給与をカットしていけば、優秀な教授は海外の大学や、より条件がいい国内の大学に流出してしまうからである。

たとえば、iPS細胞の研究でノーベル賞を受賞した五〇歳の山中伸也教授の給料は、まだ一〇〇〇万には遠く及ばないということだが、ノーベル賞級の業績を上げた教授も、漫然と過ごしている教授も給料が同じなのである。

一方アメリカの一流大学では、専門分野ごとに、また業績次第で、教授の給与には大きな違いがある。ヒラノ青年が留学した六〇年代末、ビジネス・スクールの教授は、工学部教授の二～三割増し、医学部に至っては二倍近い給与を貰っていると言われていた。そしてこの格差は、その後益々開いていているようである。需要と供給で給与が決まる、極めてアメリカらしいシステムである。

議論が発散するのを避けるため、以下では議論を日本の工学部に絞ることにしよう。

世間一般の人は、〝大学教授は、好きな研究と講義をやっていればいいお気楽な人種だ〟と思っているようだが、大学教授には、研究・教育以外にも、大学管理業務（別名雑用とも言う）と社会的貢献という仕事がある。

大学教授の業績を評価するためには、研究・教育・管理業務・社会貢献という四つの指標を組み合わせた総合評価システムを作る必要がある。これは簡単ではないが、不可能というわけではない。

最近では、多くの大学が学生による授業評価を実施しているので、講義のパーフォーマンスについては、ある程度評価できるようになった。素人である学生が玄人である教授を評価するのは無意味だ、という意見もある。しかし、第九章で紹介したジェームス・スロウィッキーが主張するように、たとえ素人であっても、〝みんなの評価は案外正しい〟のである。

かつて教育業績以上に難しかったのが、研究業績の評価である。ところがここ数年、その地位は逆転した。

工学部では従来、〝レフェリー（審査員）制度がある専門ジャーナルに発表された論文の数〟という簡便な指標で、研究業績を評価することになってきた。ヒラノ教授が一編でも多くの論文を書こうと血眼になってきたのは、このためである。

しかしたくさん書いても、誰も読まないジャンク論文ばかりでは意味がない。とは言うものの、専門が違うと論文の質は分からない。しかも専門分野は、ますます細分される傾向にある。そこで、〝論文は質が大事だということは、良く分かります。しかし、研究の質を客観的に評価するのは難しいので、当面は数で評価しましょう〞ということになってきたのである。

ところが数年前から、論文の数だけでなく、質までも簡単に調べられる学術論文検索システムが登場した。グーグル社が二〇〇四年に立ち上げた、「グーグル・スカラー」というサイトがそれである。

これまでであれば、余り論文を書かない教授が学部長に呼び出され、「あなたは論文数が少ないので、もう少し頑張ってもらえませんか」と言われた時に、「数が少ないことは認めます。しかし、論文は数ではなく質を重視すべきです。私の論文は（質が高いので）どれも高い評価を受けています」と反論すれば、ごまかすことができた。質が高いかどうかは、専門家以外には分からないからである。ところがグーグル・スカラーのおかげで、この言い訳が通じなくなったのである。

研究者の間では長い間、質が高い（重要な）論文は、多くの論文に引用されるはずだと信じられてきた。そこで、トムソン・ロイター社なる会社が、五〇年ほど前に「SCI（サイエンス・サイテーション・インデックス)」を開発して販売を開始した。一流ジャーナルに掲載された論文が、同じ分野の(一流)研究者によって何回引用されたかを示すシステムである。トムソン・ロイター社は、このデータをもとにしてノーベル賞受賞者を予想しているが、その精度の高さが権威を裏付けている。しかしSCIは契約料金が高いうえに、調査対象となる研究分野に偏りがあったため、日本の工学系大学でこのシステムを使って教授の研究業績評価をやっているところはなかった(あったら教えてください)。

しかし、グーグル・スカラーにアクセスすると、世界中の研究者が(英語で)書いたすべての(レフェリー付き)論文のタイトルと概要(アブストラクト)、およびその論文が何回他の研究論文に引用されたかが、瞬時にしかも無料で検索できるのである。

例えば、ノーベル経済学賞を受賞したケネス・アロー教授を検索する(専門家はこれをググるという)と、三〇〇〇回以上引用された論文が六編、一〇〇〇回以上引用されたものは一八編もあることが分かる。

一方一部の人の間で、〝日本人の中で最もノーベル賞に近い経済学者〟と言われている米国有力大学名誉教授は、最も多く引用されたものでも五〇〇回余り、一〇〇回以上引用されたものも高々一〇編止まりである(このような人がノーベル賞を受賞する可能性は、限りなくゼロに近い)。

かつてグーグルは、マンションの屋上で日光浴している(水着姿の)女性を映し出して物議をかもしたことがあったが、理工系研究者はグーグルによって丸裸かにされたのである（これまでのところ、プライバシーの侵害だと訴えた研究者はいない）。

「あなたは研究業績が乏しいので、教授昇進はだいぶ先になるでしょう」と学部長に言われれば、返す言葉はない。大学当局にとっては千人力の、平凡な工学部准教授にとっては悪魔のような研究業績評価システムが登場したのである。

教育業績と研究業績の評価ができるようになれば、ORの世界で開発された手法を用いることによって、総合評価を行うことができる（長くなるので、具体的なことについては別の機会に譲ることにする）。

ヒラノ教授の天国と地獄

バブルが頂点を極めようとしていた一九八八年に、後楽園にある中央大学理工学部で開催された国際シンポジウムのホスト役を務めたヒラノ東工大教授は、意気軒昂だった。世界中から集まった六〇〇人の外国人研究者が、日本国のパーフォーマンスを羨んでいたからである。

一つ、〝日本ではストリート・ピープルを見かけない〟。

一九八八年のアメリカには、ホームレスが溢れていた。日本にもいないことはなかったが、アメリカのような、赤ん坊を連れたホームレスを見かけたことはない（二十数年後、日本にもホームレスが溢れるようになったが、単身者ばかりである）。

一つ、〝東京の公共交通は素晴らしい〟。

この当時、〝ニューヨークの地下鉄は、危険だから乗るな〟と言われるくらい、アメリカの公共交通システムはミゼラブルだった。一方、東京中に張り巡らされたバスや地下鉄は、便利で安全だった。

一つ、〝日本の女性は（アメリカ女性と違って）慎み深く貞淑だ〟。

この点については、かなり疑問がある。このころすでに、日本の女性もアメリカ女性並みに〝翔んで〟いた。

一つ、〝日本の製造業は世界のトップだ〟。

その通り！　アメリカ政府が、日本にあれこれ文句をつけてきたのはこのころである。日本製造業の原動力は、その技術力である。技術者の兵站基地は、われらが工学部である。ヒラノ教授は、〝世界最強技術者〟と、彼らが支える製造業に誇りを持っていた。ところが日本政府は、働き者のエンジニアを守ってくれなかった。

〝あなた方の働き過ぎのおかげで、世界（アメリカ）が迷惑しています。これからは、グローバル・スタンダードにしたがって、年一八〇〇時間以上働かないでください――〟。

さんざん働かされた挙句、エンジニアは害虫扱いされたのだ。これを聞いて、年三〇〇〇時間以上働いていたヒラノ教授は憤慨した。ヒラノ教授だけではない。エンジニアの多くは、この言葉に大きなダメージを受けたのである。

政府は、エンジニアに働くなと言うのではなく、彼らの待遇を改善して、そのコストをアメリカに負担させるよう、産業界を指導すればよかったのだ。日本の衰退がはじまったのは、そのわずか数年後である。わが国は、アメリカの無理難題に反論せずに、世界的大レースの第四コーナーで腰を浮かせてしまったのである。

シンガーソングライターのさだまさしは、このころに発表した『風に立つライオン』という歌の中で、アフリカで医療に携わる日本人医師に、〃残念ながら私たちの国は、どこかで道を間違えたようですね〃と言わせているが、この言葉は日本の没落を言い当てていた。

二〇〇五年のハワイ出張を最後に、ヒラノ教授が海外出張に出かけなくなったのは、海外の研究仲間から、〃日本はどうしたのか〃という質問を受けたくなかったからである。世界中が日本の興隆に目を見張ったように、世界中が日本の凋落に驚いていた。

ヒラノ教授の研究ペースは、六五歳を迎えるころからスローダウンした。これから先研究を続けたところで、一五年前のような成果を上げる見通しは立たない。ましてや、五年後には大学を解雇されてタダノ老人になる男が、いまさら海外で名前を売ったところで、その収穫物を手に入れる機会はない。〃アメリカ人から憐みの言葉を掛けられるより、学生の指導や妻の介護に時間を使う方がよほど有意義だ――〟。

二〇一〇年にギリシャの財政破綻が報じられた時、ヒラノ教授は、長い間（優秀で傲慢な）ユダヤ人勢力を相手に共闘してきた、ギリシャ出身の同志パノス・パルダロス教授（フロリダ大学）に激励のメールを送った。返事が来なかったのは、母国のあまりにもひどい状態に、返す言葉がなかったからではなかろうか。

ギリシャと日本を比べれば、この頃は明らかに日本の方がましだった。ところがその一年後、状況は激変した。福島の原発事故で、日本と日本の技術者はかつてないダメージを受けた。また、日本の財政はますます悪化し、破綻が目の前に迫っている。

パルダロス教授は、〝ギリシャと日本のどちらがましか〟などというデリカシーを欠いたことは聞かないだろう。しかしヒラノ教授は、パルダロス教授に合わせる顔がないし、憐みの言葉を受けることには耐えられない。

日本の発展期に、その名声をたっぷりエンジョイしたヒラノ教授は、日本の衰退期にみじめな思いをしないで済んだのである。一方、四〇、五〇代の現役教授には、このような〝国際的隠遁生活〟は許されない。

工学部教授が国際競争で勝利するためには、海外の研究集会に参加して、一流の研究者と情報交換を行うことが必須である。海外に出かけなくても、一流ジャーナルに発表される一流論文を読めば十分ではないかという人は、研究競争の実態を知らない人である。

一流の研究者は一流の研究者と切磋琢磨して、新しい結果を導く。そしてそれが論文の形で公表されるころには、先頭集団はおいしい部分を食べつくして、更に先に進んでいるのである。

一部の大学では、学期中の海外出張を禁止したということだが、（B、C級はともかく）A級の研究者には致命的な影響が及ぶだろう。

大学教員の役割分担

では日本の大学（理工系大学）が、国際競争に勝ち残るためには、どうすればいいだろうか。

一つの方策は、誰もが思っていて誰も言わない、〝教員の適性による分業システム〟を導入することである。

大学教員の研究能力には、AAA級からAA級、A級を経て、B級、C級までの違いがある。AAA級の研究者が書いた論文は多くの人に読まれる。一方C級の研究者が書いた論文を読む人はほとんどいない。AA級の研究者とC級の研究者の間には、一〇〇倍以上の違いがある。

まともな教員はそれぞれ、自分がどのレベルの研究者であるかよく知っている。しかし日本の大学は、すべての教員に研究論文を書くことを要求する。したがって、B、C級の人も論文を書かざるをえない。

論文を数で評価する時代であれば、何か書きさえすれば業績になった。ところが二一世紀に入って、論文は数ではなく質で勝負する時代がやってきた。引用回数が一ケタのC級論文を書いても評価されなくなったのである。

すでに述べたとおり、大学教員には研究以外に教育、管理業務、社会的貢献などの重要な任務がある。日本の国立大学では、学生がいない研究所勤めの教員は別として、すべての教員が、適性があるなしにかかわらず、管理業務を均等に負担するのが原則になっている。

世界的な研究者が、ローテーションで学科主任（学科の雑用係）やキャンパス美化委員、交通問題検討委員などをやらされているのである。

一方アメリカの大学では、すぐれた事務管理能力を持つ教員が学科主任を引き受ける。たとえばスタンフォード大学では、計算機科学科もOR学科も、ジョージ・フォーサイス、ジェラルド・リーバーマンというスーパーマネージャーが、一〇年近くにわたって学科主任を務めていた。

ローテーションで学科主任を担当する日本の大学と違って、アメリカの大学では強力な権限を与えられた学科主任が、学科内における細々した問題を自分の責任で処理する。このため主任以外のヒラ教授は、研究と教育に専念することができる。

一方日本の学科主任は権限が無いので、些細なことでも会議に諮ったうえで決めようとする。

この結果、すべての教員が会議に忙殺される。日本の大学は、アメリカの大学に比べてはるかに〝民主的〟なのである。

主任になると教員の生産性はガクンと落ちる。しかも東工大の場合、五年に一回当番が回ってくる。研究能力ほどではないとしても、人によって事務能力にも大きな違いがある。いともやすやすこなす人がいる一方で、その年は全く研究ができなくなる人もいる。事務能力が乏しい教授にとって、五年に一回の学科主任はまさに〝苦役〟である。

誰が考えても、アメリカの大学のやり方の方が、日本より効率的であることは明らかである。またアメリカでは、すべての教員が論文書きに血道を上げているのかと言えば、そうでもない。ひとたびテニュア（終身教授権）を獲得した人は、論文を書かなくても解雇される心配はない。したがって、特別に優れた教育能力を持つ教員は、論文書きより教育活動に集中することができるのである。

アメリカでは、それぞれの分野に〝定番〟教科書があって、教育上極めて重要な役割を果たしているが、これらは〝知識吸収能力と解説能力〟に長けた教授が何年もかけて書いたものである。

若いころは研究で勝負した人も、自分の適性を見極めて、得意な領域で勝負するのである。たとえば、スタンフォード大学のデビッド・ルーエンバーガー教授やフレデリック・ヒリヤ教授は、四〇代に入ってからは、研究活動より教育活動（教科書作り）で名声を博した。

また、若いころ統計学者としてA級の研究業績を上げたリーバーマン教授は、三〇代半ばから一〇年以上にわたってOR学科主任を引き受けて、AA級研究者が研究と教育に集中できる環境を作り上げ、仲間たちの尊敬を集めた。

もう一人紹介すれば、三〇代初めまで馬車馬のように論文を書きまくったP教授は、四〇代に入ってからは、大小さまざまな研究集会を組織して研究者の便宜を図り、研究オーガナイザーとして高い評価を得た。

一方日本の大学では、建前上すべての教員の能力は同等だということになっている。また理工系大学では、研究が教育や社会的貢献の上位に置かれる傾向があるため、教員は論文生産競争に血道をあげる。しかしジャンク論文を量産するより、学生に良質な教育を施す方が、大学人にとって遥かに有意義である。

わが国の理工系大学が、世界的競争に伍していくためには、各教員が自分の適性にあった役割分担を行うことが必要ではないだろうか。

少なくとも、AA級以上の研究者（注：ヒラノ教授はB級ではなくてもAA級ではありません）が、学内交通問題や美化問題など、本来教員がやらなくてもいい仕事に煩わされないで済むよう願いたいものである。

14　工学部の語り部の役割

中学・高校時代の同期会

七〇代を迎えるころから、頻々と同期会が開かれるようになった。〝きょうようときょういく〟を重視するヒラノ名誉教授は、出来る限りこれらの集まりに出席するよう心掛けている。

中学・高校時代の同期会は、数人の仲良しグループが、七〇年代初め以来正月二日に開いていたもので、四〇年以上の歴史を持っている。当初のメンバーは、エンジニアのK氏、エコノミストのS氏、官僚のA氏、ジャーナリストのA′氏、そしてヒラノ青年の五人である。

その後ホスト役を務める人が親しい友人を招待したため、この会は年とともに膨れ上がり、一時は三〇人近い人が集まるジャンボ新年会になった。

ところが驚くべきことに、集まる人の中で理工系大学出身者は三人だけだった。その理由は、文系エリートたちが、〝理工系人間は面白みがない（もしくは煙たい）〟と思っていたからだろう。

かつてイギリスの物理学者C・P・スノーが〝二つの文化〟と呼んだように、世界中どこでも、文系集団と理工系集団は分断されているのである。

ジャンボ新年会は、メンバーが定年を迎えるころから一人減り二人減り、二〇一三年には一〇人程度のこじんまりした会合に戻った。ある高名な経済評論家が言っていたことだが、〝歳を取ってまで、好きでもない人と飯を食いたくない〟と思う人が増えたからだろう。

ヒラノ教授にとってこの新年会は、エンジニア以外の人種と酒を飲む唯一つの集まりだったので、妻の介護に時間を取られるようになるまでは、毎年欠かさずに出席した。そして夕方から終電まで、文系エリートから多くのことを吸収した。

大学時代の同期会

中・高時代に比べると、大学時代の同期生とのかかわりは、あっさりしたものだった。二〇〇〇年代に入って名幹事役の後藤教授が体調を崩すまでは、この人の呼びかけで毎年忘年会が開かれたが、ヒラノ教授は二回に一回しか出席しなかった。

忙しくて時間を取れなかったのもさることながら、金融工学がお好きでない純正エンジニアと言葉を交わすのが億劫だったからである。彼らは紳士だから、面と向かって批判することはないだろうが、純正エンジニアが何を思っているかは、訊かなくても分かる（あとで分かったことだが、これはヒラノ教授の〝僻み〟だった）。

年に一～二回だったこの会合は、メンバーが古希を迎えるころから、毎年何回も開かれるようになった。実際最近一年だけで、四回も開催されている。後藤教授の後を引き継いだ名幹事の竹山教授が、あれこれ理由をつけて会食を設定してくれるのである。

ここに集まるのは、応用物理学科の物理工学コースから七～八人、計測工学コースから一～二人、そして数理工学コースから一人である。その半数は、どこかの大学の教授だった人で、残りの半数も一流大企業で活躍したエンジニアである。

応用物理学科の卒業生五〇人の中で、半数近い二二人が大学教授という仕事に就いたが、物理工学コース出身者には傑出した秀才が多かった。教養課程（理科一類）で一番だったK氏、四番だったN氏（いずれも東大名誉教授）をはじめ、一四人の三分の一は理科一類ベストテン組である。

彼らの多くは、わが国の〝製造業王国〟を支えた超一流エンジニアである。一流エンジニアは専門バカが多いと言われる中で、好奇心旺盛な彼らは現役引退後いろいろなことをよく勉強している。

この会合では政治、経済、社会にかかわる様々な話題が取り上げられるが、議論をリードするのは、応用物理学から経済学に転じ、いまや経済評論家として不動の地位を築いたN教授である。

ヒラノ教授があるメンバーに、〝一八歳時点に戻ることが出来たら何をやるか〟と訊ねたとき、この人は〝経済学部に行くだろう〟と即答した。この人はN教授や後藤教授のように、数学も物理もできたために、工学部に吸い込まれたのである。

もしこの人が工学部ではなく、法学部もしくは経済学部に進んでいれば、有力企業のトップの座についていたのではなかろうか。

臨機応変に議論に加わることが苦手なヒラノ名誉教授は、一流エンジニアの聞き役に回ることが多い。そして機会があるたびに、彼らの意見を紹介するように努めている。たとえば、原発事故やアベノミクスなどに関する議論は、ヒラノ教授シリーズを書く上で大変役に立った。

二流エンジニアはこの会合に出席するたびに、一流エンジニアに替わって〝工学部の語り部〟として発言し続けなければならない、という思いを新たにするのである。

二つの文化の橋渡し

あちこちに書いたことだが、日本社会をリードする文系集団は、理工系集団のことを知らないし関心もない。エンジニアは何も言わずに働いてくれればいい、と思っているのである。

エンジニアは何も言わない。しかしそれは、〝エンジニアは何も考えていない〟ことを意味するものではない。彼らはいろいろなことを考えている。言いたいこともたくさんある。ところが彼らの発言が、ジャーナリズムで取り上げられることはほとんどない。

四〇年を工学部という組織で過ごしたヒラノ教授は、『理工系離れが経済力を奪う』(日経プレミア、二〇一〇)の中で、〝純正エンジニアの法則〟なるものを紹介した。

法則1：純正エンジニアは、専門(と趣味)以外の本を読まない。

法則2：(ないないづくしの法則) 純正エンジニアは

(1) 専門以外のことにはほとんど関心がない。

(2) 専門以外のことに関心があっても、それについて勉強する時間がない。

(3) 専門以外のことについて発言しようと思っても、発言する場所がない。

法則1についてはすでに書いたので、ここでは法則2について説明しよう。

専門以外の本を読まない純正エンジニアは、独りよがりな文章を書く(と信じられている)。実際東工大教授の中には、句読点が三つしかない八〇〇字の文章を書く人がいる。このような文章を読みたいと思う人はいない(自分でも読めないかもしれない)。したがって、このような文章を掲載してくれるメディアはない。

　ところがこの世の中では、発言しないものは存在しないも同然の扱いを受ける。もしヒラノ教授の同期生のような優れたエンジニアが、文系の人たちにも分かる言葉で話しかければ、二つの文化の隔たりは縮まるだろう。しかし、そのようなことをやろうとする（元）一流エンジニアは少ないのである。

あとがき

この原稿がほぼ完成した三月三日の朝、突然大量下血した。

六年間のクリスマスに発症した、大腸憩室（大腸の血管が破れて出血する病気）が再発したのである。この時は六回の出血を繰り返したため、赤血球が正常人の六割まで減少し、危うくショック死するところだった。

退院後しばらくは用心しながら暮らしたが、その後五年余り何事も起こらなかったので、完治したものと思っていた。ところがそうではなかった。

一旦出血が止まったところで、前回お世話になった東大病院に緊急入院して、約一週間の絶対安静生活を送った。二週間後に無事退院させてもらったが、いつまた再発してもおかしくない。老化した腸壁は元には戻らないからである。

実際この二カ月後の五月に、三度目の出血を起こしてまたまた入院と相成った。赤血球の減少量は前回より少なかったが、七二歳のヒラノ名誉教授は死神の顔を見た。

かかりつけの医師は、〃なにをやれば出血するか、どうすれば出血を防げるか良く分かっていませんので、あまり気にしないように。出血したらまた入院すればいいのです〃と言い放ったが、すっかり臆病になった独居老人は、インターネットでこの病気について調べてみた。するとあるわあるわ。〃刺激物（含・アルコール）、揚げ物、消化が悪いものは避けましょう〃。悪いものの代表例として挙がっていたのは、なんとこれまでせっせと食べてきた〃まごわやさしい〃七品目の中の五つである。

才人・嵐山光三郎氏は、あるエッセーの中で、〃人生相撲場所〃なるものを提唱している。七五年の一生を五年ずつに区切ると、一五日分の星取表ができると言うのである。

波乱万丈の前半生を送った嵐山氏は、〃全勝の人生はつまらない。七勝七敗で楽日を迎え、最後に一勝して八勝七敗で場所を終えるのが最高の人生ではないか〃と書いているが、ヒラノ名誉教授の星取表はどうなっているだろうか。

最初の五年は、（嵐山氏に倣って）生まれてきたということで一勝（不戦勝）。五歳から一〇歳までは、敗戦後の食うや食わず生活で一敗。中学から大学までの一〇年間は、素晴らしい友人とすぐれた先生に恵まれて二勝。

大学を出てからアメリカに留学するまでの五年は、目標が定まらず一敗。その後は、猛勉強が実って博士号を手に入れたので一勝。このあと、念願かなって大学助教授のポストを手に入れたものの、陸の孤島でドタバタ騒ぎに巻き込まれて、無残な二敗。

東工大での最初の五年は、無気力生活で一敗。その後の一五年間は、幸運に恵まれて三連勝。還暦までの戦績は七勝五敗である。

六〇代の一〇年は、仕事の上では順調だったが、妻が難病にかかったので、一勝一敗。かくして、千秋楽を迎える前の成績は八勝六敗である。

すでに勝ち越しているし、今場所限りで引退だから楽日は負けでも構わないわけだが、〝ヤ〟にならないように注意しながら、これから先何年か〝工学部の語り部〟としてエンジニアと工学部について根気よく語り続けたいと考えているので、もうしばらくお付き合いいただければ幸いである。

この本を書くにあたっては、いつもながら青土社の菱沼達也氏に、一方ならぬお世話になった。同氏の激励とアドバイスが無ければ、仕上がりがよくない草稿を、このような形にまとめることは出来なかっただろう。

また竹山協三・中央大学名誉教授は、草稿を詳しく読んだ上で数々の有益なコメントを寄せて下さった。
ここで菱沼・竹山両氏に、心からの謝意を表する次第である。

二〇一三年七月

今野　浩

著者紹介
今野　浩（こんの・ひろし）
1940年生まれ。専門はＯＲと金融工学。東京大学工学部応用物理学科卒業、スタンフォード大学大学院オペレーションズ・リサーチ学科修了。Ph.D. 工学博士。筑波大学電子・情報工学系助教授、東京工業大学大学院社会理工学研究科教授、中央大学理工学部経営システム工学科教授を歴任。著書に『すべて僕に任せてください　東工大モーレツ天才助教授の悲劇』（新潮社）、『スプートニクの落とし子たち』（毎日新聞社）、『工学部ヒラノ教授』、『工学部ヒラノ教授の事件ファイル』（共に新潮社）、『工学部ヒラノ教授と４人の秘書たち』（技術評論社）、『工学部ヒラノ助教授の敗戦』、『工学部ヒラノ教授と七人の天才』（共に青土社）、『工学部ヒラノ教授のアメリカ武者修業』（新潮社）など。

工学部ヒラノ名誉教授の告白
エンジニアが「物書き」になったワケ

2013年９月20日　第１刷印刷
2013年９月25日　第１刷発行

著者——今野 浩

発行人——清水一人
発行所——青土社
〒101-0051　東京都千代田区神田神保町１−29　市瀬ビル
［電話］　03-3291-9831（編集）　03-3294-7829（営業）
［振替］　00190-7-192955

印刷所——ディグ（本文）
方英社（カバー・扉・表紙）
製本——小泉製本

装丁——クラフト・エヴィング商會

ISBN978-4-7917-6726-7 C0095